Taschenbuch Deutscher Lkw-Bau
1918–1945
Band 2a, A–Ha

FMA
LASTKRAFTWAGEN
DONAR
IT 0609
FRANKFURTER
MASCHINENBAU-A.G.
VORM. POKORNY & WITTEKIND - FRANKFURT A. M.

TASCHENBUCH DEUTSCHER LKW-BAU

Wolfgang H. Gebhardt

1918–1945
Band 2a, A–Ha

franckh

Franckh'sche Verlagshandlung
Stuttgart

Mit 195 Schwarzweißabbildungen
Die Abbildungen stammen aus dem Archiv Wolfgang H. Gebhardt oder aus Werksarchiven (W).

Umschlag gestaltet von Kaselow Design, München, unter Verwendung einer Aufnahme aus dem Archiv des Autors. Sie zeigt den ersten Büssing Dreiachs-Lkw VI G 1.

Das Bild auf Seite 2 zeigt eine zeitgenössische Werbung.

CIP-Titelaufnahme der Deutschen Bibliothek

Taschenbuch Deutscher LKW-Bau / Wolfgang H. Gebhardt. –
Stuttgart : Franckh.
NE: Gebhardt, Wolfgang H. [Mitverf.]
Bd. 2. 1918–1945.
a. A–Ha. – 1989
ISBN 3-440-06046-2

Franckh'sche Verlagshandlung, W. Keller & Co., Stuttgart/1989

Printed in Germany / Imprimé en Allemagne / L 10 HU H ste
ISBN 3-440-06046-2
Satz: G. Müller, Heilbronn
Herstellung: Elsnerdruck, Berlin

Taschenbuch Deutscher Lkw-Bau 1918–1945 Band 2a, A–Ha

Einleitung 7

Adlerwerke 24
Akkumulatorenfabrik 27
Aktiengesellschaft f. Akkumulatoren- u. Automobilbau 27
Allgemeine Elektrizitäts-Gesellschaft 28
Fahrzeugfabrik Ansbach 31
Apollo Werke 31
Audi-Werke 32
Auto Union 34

Badenia 36
Benz u. Cie. 37
Bergmann-Electricitäts-Werke 42
Akkumulatorenfabrik Berga 46
Bleichert u. Co.. 47
Brennabor-Werke 49
Büssing 51
Breuer 77

Daimler-Benz 78
DAAG 109
Gasmotoren-Fabrik Deutz 114
Dixi-Werke 114
Dürkoppwerke 117
Dux-Automobilwerke 122

Ehrhardt Automobilwerke 126
Elitewagen 127
Maschinenfabrik Esslingen 133

Fafnir-Werke 137
FAMO 137

FAUN-Werke 138
Flader. 155
Ford-Köln 155
Frankfurter Maschinenbau (FMA) 161
Frye 163

Goliath-Werke 164
Goossens. 165

Hanomag 167
Hansa-Lloyd-Werke 170

Literaturverzeichnis 188

Einleitung

Die vorliegenden Bände knüpfen an das „Taschenbuch Deutscher Lkw-Bau 1896–1918“ an und sollen mit ihren Firmendarstellungen einen Einblick in diesen Wirtschaftszweig der Zwischenkriegszeit geben.
Für die Zusammenstellung des Gesamtüberblicks der Nutzfahrzeughersteller und ihrer Produkte wurden Einzeldarstellungen über die Automobilindustrie, Zeitschriftenreihen, Firmen- und Messekataloge, Auskünfte von Firmen, von Industrie- und Handelskammern sowie von Einzelpersonen herangezogen. Eine absolute Vollständigkeit der Firmenliste und eine präzise Angabe über die Zeiträume der Produktion der angegebenen Firmen lassen sich nicht erreichen, da viele Hersteller nur für kurze Zeit in Erscheinung traten, teilweise trotz Ankündigung einer umfangreichen Produktion nur einige Prototypen fertigten und deshalb nur mit ungenauen Angaben in der Literatur auftauchten.
Darüber hinaus sind in der Literatur widersprüchliche Angaben zu den einzelnen Fahrzeugen des gleichen Baujahres zu finden, was zum größten Teil auf Nachlässigkeit in der zeitgenössischen Literatur zurückzuführen ist.
In den Beschreibungen sind die 68 Produzenten mit ihrem ersten oder bekanntesten Firmennamen aufgeführt. Anschließend folgen Namensänderungen mit Angaben der Rechtsformen und Fusionen im Laufe der Zeit. Der Produktionszeitraum ist mit gesicherten Daten aus den genannten Unterlagen ausgewiesen, so daß mit dem Hinweis auf die unvermeidbare Unvollkommenheit eine übersichtliche Angabe zur Verfügung steht.
Nicht aufgenommen wurden die Firmen, die während der Zeit des Drittes Reiches nach der Angliederung Österreichs und nach der Besetzung der Tschechoslowakei zum Bereich der deutschen Industrie gehörten. Ebensowenig wurden die Hersteller von reinen Baustellenfahrzeugen berücksichtigt.
Nach dem Ersten Weltkrieg besaß das Deutsche Reich infolge des teilweise stillgelegten Heeresfuhrparks und der aus dem Felde zurückgeführten Fahrzeuge einen Überschuß an Nutzkraftfahrzeugen. Auch bei den Produzenten, vor allem bei den Hansa-Lloyd-Werken, dem damals größten Lieferanten für Heeresfahrzeuge, standen bis auf die Bereifung fertiggestellte Fahrzeugserien auf Halde. Der Verkauf des nun überschüssigen Heeresgutes durch die Verkaufsabteilung für Automobilwesen beim Reichsverwertungsamt (*Vaubil*) schränkte den Produzenten

den inländischen Markt als Absatzgebiet für Neufahrzeuge stark ein. Dafür konnte der Export von Fahrzeugen, insbesondere in der Inflationszeit, einen Ausgleich schaffen.

Mit Preisunterbietungen versuchten die Hersteller ihre Bestände zu verkaufen, um das Weiterlaufen der Produktion zu sichern, gerieten dadurch aber in rote Zahlen. Eine Chance zur Existenzsicherung sahen verschiedene Firmen in der Konzentration ihrer Einrichtungen auf die größeren Möglichkeiten von Verkaufskartellen. So schlossen sich auf Initiative von Robert ALLMERS, dem Vorstandsvorsitzenden der Hansa-Lloyd-Werke, die Firmen Brennabor, Hansa (nur Pkw-Bau), Hansa Lloyd und NAG im Jahre 1919 zu einem Verkaufskartell in der Gemeinschaft Deutscher Automobilfabriken (GDA) zusammen. Kurz darauf folgten die Firmen Dux, Magirus, Presto und Vomag, indem sie den Deutschen Automobilkonzern (DAK) gründeten. Materialeinkauf, Verkauf der Fahrzeuge, Werbung und Verwertung von Restbeständen sollten gemeinsam vorgenommen werden. Vor allem aber sollte das Ziel dieser Gemeinschaften eine Spezialisierung der Mitglieder auf bestimmte Nutzlastklassen sein. Da die Interessen und die Strukturen dieser Unternehmen zu unterschiedlich waren, die bedrückende wirtschaftliche Lage zu Preisunterbietungen führte und eine Spezialisierung auf die zugewiesenen Typen sich nicht erreichen ließ, konnten die Kartelle nicht den erhofften Erfolg bringen und wurden daher 1926 bzw. 1929 aufgelöst.

Das Entwicklungsniveau in der Fahrzeugtechnik war in dieser Zeit durch die robuste Rahmenkonstruktion der Fahrzeuge mit großvolumigen Vierzylinder-Benzin- oder Benzolmotoren und mit der Ausstattung der Modelle mit Hartgummireifen bestimmt. Die Fahrzeuge waren gewöhnlich noch offen oder mit seitlichen Cellonscheiben verkleidet. Als Bremsanlagen standen Getriebe- und Hinterrad-Backenbremsen zur Verfügung. Weitere Details dieser Fahrzeuggeneration waren die nur ungenügende Dämpfung der Schwingungen und Erschütterungen sowie die gewöhnlich noch fehlende elektrische Ausrüstung.

Das Kraftfahrgesetz von 1909 und eine Novelle von 1919 beschränkten dabei das Gesamtgewicht eines Zweiachsers auf 9 Tonnen. Ein Dreiachser konnte insgesamt 15 Tonnen wiegen. Die Höchstgeschwindigkeit durfte bei 6 Tonnen Gesamtgewicht 30 km/h, bei 9 Tonnen Gesamtgewicht 16 km/h betragen.

Für altbekannte Fahrzeugfirmen wie Bergmann-Métallurgique, Ehrhardt, Fafnir, Komnick, Loeb (LUC), MAF und Podeus war eine Wiederaufnahme der in der Kriegszeit aufgegebenen Pkw-Produktion wegen des verlorengegangenen technischen Anschlusses an den europäi-

schen und vor allem an den amerikanischen Fahrzeugbau sowie wegen der geringen Kapitaldecke nicht mehr möglich. Mit dem Weiterbau von Nutzfahrzeugen konnten sich diese Produzenten noch teilweise bis in die Zeit der Weltwirtschaftskrise halten. Die Firma Podeus in Wismar, die auch am Bau des deutschen Tank-Fahrzeugs beteiligt gewesen war, widmete sich beispielsweise nun ganz dem Raupenschlepperbau.
Mit der Stabilisierung der Mark im Jahre 1923 begann ein starker Einschnitt in die wieder expandierende und teilweise stark experimentierende Nutzfahrzeugindustrie. Extrem hohe Einfuhrzölle der europäischen Staaten schränkten die Exportmöglichkeiten nahezu völlig ein. Umgekehrt öffnete eine von den Siegermächten erzwungene einseitige Meistbegünstigungsklausel ausländischen Produzenten den deutschen Markt. Eindrucksvoll ist dabei der Erfolg der US-Firmen, die z. B. 1928 35 Prozent des deutschen Nutzfahrzeugmarktes mit ihren aus der Großserienfertigung zu niedrigen Preisen hergestellten Schnellastwagen beherrschten. Darüber hinaus begrenzten die Enge des abgeschlossenen deutschen Marktes, die hohen Fertigungskosten für das unrationelle, äußerst vielfältige Typenprogramm und die Vielzahl der Anbieter die Möglichkeiten für eine ökonomisch sinnvolle Produktion. Diese ungünstigen Verhältnisse, die noch durch fehlende Staatsaufträge, durch staatliche Hemmnisse zur Sicherung der Konkurrenzfähigkeit der neugebildeten Reichsbahn sowie durch die Auswirkungen der Weltwirtschaftskrise verschlimmert wurden, beeinträchtigten bis zum Beginn des Dritten Reiches die Lage der deutschen Nutzfahrzeugbranche immer mehr. Kennzeichnend für diese Krisenzeit in der Mitte der zwanziger Jahre sind die Sanierungen, Betriebsaufsichten, Insolvenzen, Liquidationen und vielfältigen Fusionen, die oftmals zur Stillegung des Werkes nach dem Zusammenschluß mit dem größeren Partner führten. Diese Situation wurde noch durch den Hinzutritt von Firmen aus dem brachliegenden Eisenbahnbau verschärft. Neben den Firmen Deutz (nur Prototypen), Fuchs (nur Zugmaschinen), Goossens, Krauss, Krauss-Maffei (nur Zugmaschinen), Krupp, Wumag (Oekonom-Zugmaschinen) und van der Zypen und Charlier wagten ab 1925 die Kasseler Henschelwerke erfolgreich den Einstieg in die Lkw- und in die Omnibusfertigung, um ihre Produktionsanlagen nach den unbefriedigenden Lokomotiv- und Waggonaufträgen der Reichsbahn auszulasten. Die Firma Hanomag fertigte 1933 nur eine kleine Serie von Nutzfahrzeugen und verlegte sich dann auf den Pkw-Sektor. Hinzuweisen ist an dieser Stelle auf den Einfluß einiger Schweizer Firmen. So gingen die Konstruktionen von Krauss, MAN (seit 1915) und Henschel auf schweizerische Vorbilder zurück.

Ein verstärkter und unerbittlicher Konzentrationsprozeß veränderte vor allem in den Jahren 1926/27 die deutsche Nutzfahrzeuglandschaft: Die Daimler-Motoren-Gesellschaft und die Benz u. Cie. fusionierten zur Daimler-Benz AG; Opel erwarb 1926 die Beckmann-Werke in Breslau sowie die Elite-Diamant-Werke in Brand-Erbisdorf und legte anschließend beide Werke still. Mit dem Eindringen von US-Kapital in die deutsche Industrie kamen wiederum die Aktien der Adam Opel AG in den Besitz der General Motors Corporation.
Vielfältig sind die Erwerbungen der Büssing Automobilwerke: Komnick und Mannesmann-Mulag gingen in den Besitz dieser Braunschweiger Firma über. 1931 fusionierte Büssing mit der zum AEG-Konzern gehörenden Nationalen Automobil-Gesellschaft (NAG) zur Büssing-NAG, Vereinigte Nutzkraftwagenwerke AG. Die NAG selber hatte schon 1926 die Presto-, Protos- und Dux-Werke erworben. Ein wirtschaftlicher Erfolg dieser Maßnahmen blieb jedoch für die NAG und später für den Hauptpartner Büssing aus.
Die Kraftwagen-Abteilung der Fried. Krupp AG übernahm 1929 die Deutsche Last-Automobil-Fabrik (DAAG) in Ratingen. Die C. D. Magirus AG wurde 1936 von der Humboldt-Deutzmotoren AG in Köln erworben. Bekannte Marken wie Adler, Brennabor, Dixi, Dürkopp, Ehrhardt, Elite, FMA (Donar), Goossens, Hercules, Hille, Ley, Nacke, Stoewer und van der Zypen und Charlier stellten bis Ende der zwanziger Jahre bzw. bis 1933 ihre Lastwagen- und Omnibusproduktion ein.
Auch das Fahrzeugimperium des Stinnes-Konzerns mit den Marken Loeb (LUC), Dinos und AGA (für Personenwagen) mußte liquidiert werden. Unter Betriebsaufsicht stand für einige Jahre die Plauener Nutzfahrzeug- und Druckereimaschinenfabrik Vomag. Die FAUN-Werke fusionierten erneut mit der Fahrzeugfabrik Ansbach, nachdem FAUN schon zuvor die Marken Braun und Maurer übernommen hatte.
Anzumerken ist hier noch, daß im Zuge des Eindringens von nordamerikanischem Kapital die Firma Ford nach Montagetätigkeiten im Berliner Westhafen eine neue Automobilfabrik in Köln-Niehl einrichtete, die rasch zusammen mit der Adam Opel AG den Markt im Bereich der Zweitonner beherrschte.
Mit dem Übergang der Hansa-Lloyd-Werke in den Privatbesitz von C. F. W. Borgward im Jahre 1932 war der Konzentrationsprozeß in dieser schwierigen Zeit vorerst abgeschlossen.
Nicht zu vergessen ist in diesem Zusammenhang, daß die verbliebenen Marken einen bedrückenden Niedergang ihrer Produktion zu verzeichnen hatten, was an den Stückzahlen einer Jahresstatistik aus dem Jahre 1928 zu ersehen ist.

Firma	Nutzfahrzeug-produktion 1928
Adler-Werke AG	1
Audi-Werke AG	30
Brennabor-Werke OHG	1356 (Leichtlastwagen)
H. Büssing Automobilwerke AG	1628
Daimler-Benz AG, Werk Marienfelde	18
Werk Gaggenau	5499
Deutsche Last-Automobil-Fabrik AG (DAAG)	320
Dürkoppwerke AG	211
Elite-Diamant-Werke AG	207
FAUN-Werke GmbH	ohne Angabe
Hansa-Lloyd-Werke AG	1088
Henschel u. Sohn AG	529
Automobilfabrik K. F. Komnick u. S. AG	217
Krauss u. Co.	18
Fried. Krupp AG	582
R. Ley Maschinenfabrik AG	163
C. D. Magirus AG	ohne Angabe
Maschinenfabrik Augsburg-Nürnberg AG	800
Mannesmann-Mulag AG	ohne Angabe
E. H. Nacke	26
NAG-Protos AG	698
Adam Opel AG	12900
Richard & Co., Abt. Karosseriewerk	55
Vogtländische Maschinenfabrik AG (Vomag)	675

Ein Blick soll an dieser Stelle auf die technische Entwicklung in der Zeit der zwanziger Jahre geworfen werden. Entscheidendes Merkmal für die Entwicklung der Fahrzeuge waren die Konstruktionen neuer Motoren und neuer Antriebsarten. Beherrschte der Vierzylinder-Vergasermotor bis Kriegsende die Motorenausstattung, so wurde ab 1921 in mittlere und schwere Lastwagen sowie in Omnibusse verstärkt der Sechszylindermotor eingebaut. Der Vierzylindermotor blieb immer mehr auf die Verwendung im Schnellastwagen beschränkt.
Im Zuge der stärkeren Anforderungen an die Nutzfahrzeuge wurden die Leistungen ständig erhöht, so daß ab 1916 der 100-PS-Motor für schwere Typen zur Verfügung stand. Im Jahre 1931/32 wurde mit 150 PS der Spit-

zenwert normaler Vergasermotoren erreicht. Neben dem Kegelradantrieb, der das Ketten- und das Daimlersche Ritzelsystem ersetzte, kam der Schneckenantrieb bei verschiedenen Firmen zum Einsatz, der ein besonders geräuschloses Fahren ermöglichte.
Erste Versuche zur Einbeziehung des Motors in das Fahrerhaus führten ab Mitte der zwanziger Jahre zu den Frontlenkertypen mit überbautem Motor der Firmen Büssing, Daimler-Benz, FAUN, Krupp, LWD und Vomag. Die Firma Büssing begann dabei in diesen Jahren ihre Entwicklung von Frontlenker-Omnibussen mit Unterflurmotoren, um so eine günstige Ausnutzung des Transportraumes zu erzielen.
Die DAAG entwickelte den 1923 auf den Markt gebrachten ersten leichten deutschen Zweitonnen-Schnellastwagen mit einem modernen Fahrwerk und mit Luftbereifung zu einem Standard-Fahrzeugtyp. Zur Ausnutzung der dadurch bedingten guten Fahreigenschaften konnte auch ein starker Motor eingebaut werden. Vorbildlich war hier schon die vollständige elektrische Ausrüstung des Schnellasters.
Zur besseren Achslastverteilung gingen die Büssing-Werke im Jahre 1923, MAN und Daimler-Benz in den Jahren 1926 und 1928 zur Herstellung von Dreiachs-Lastkraftwagen über. Auch die Firmen Krupp, Dürkopp, Mannesmann-Mulag und DAAG stellten Dreiachser her. Eine Abart war dabei auch der Bau von Fahrzeugen mit einer dritten Achse, die als Schleppachse ohne Antrieb einen Teil des Gewichts aufnahm. Neben den Firmen NAG, Hansa-Lloyd und später Ford beteiligte sich auch die kleine thüringische Automobilfabrik Ley für kurze Zeit am Bau eines 2,5-Tonnen-Schnellasters mit drei Achsen.
Technische Voraussetzung für den Bau des dreiachsigen Fahrzeugs war die Entwicklung von Riesenluftreifen mit Kordgewebe durch die Firma Continental, die eine große Seitenfestigkeit besaßen. Der zwar aufwendige Dreiachser, der einen besonderen Antrieb für die Hinterachsen und eine ebenso besondere Hinterachsfederung erforderte, war vor dem Hintergrund der Reichsstraßenverkehrsordnung die günstigste Lösung, ein Fahrzeug mit hoher Nutzlast fahren zu lassen. Der Achsdruck war gemindert, die Fahreigenschaften waren verbessert und die Lebensdauer war aufgrund der Luftreifen erhöht.
Das Bremsproblem war durch die Einführung der Druckluftbremse gelöst worden. Ab 1929 konnte diese Bauart auch durch eine Servobremsanlage verstärkt werden.
Mit der Steigerung der Motorleistung und der Geschwindigkeit, der Verbesserung des Fahrwerks und der Erhöhung der Fertigungsqualität wurde das Nutzfahrzeug gegen Ende der zwanziger Jahre zu einem zuverlässigen und wirtschaftlichen Transportmittel.

Die 1925 erlassenen Vorschriften über die technische Ausstattung von Kraftfahrzeugen ermöglichten den Bau von Dreiachsern mit einem Gesamtgewicht von 9 Tonnen mit Vollgummi- und bis 15 Tonnen mit Luftbereifung. Gleichzeitig begünstigten sie den Bau von Zweiachsern mit einem Gesamtgewicht von 5,5 Tonnen für Geschwindigkeiten von über 30 km/h, was den Bau von Schnellastern förderte. Fahrzeuge mit Hartgummibereifung waren auf 25 km/h und mit Hängern in Ortschaften auf 16 km/h beschränkt.
Ein Gesetz von 1927 weitete die Möglichkeiten auf den Bau von Zweiachsern mit 12 Tonnen Gesamtgewicht und von Dreiachsern mit 19 Tonnen Nutzlast aus.
1930 ermöglichte eine Verordnung des Verkehrsausschusses des Reichstages die Fertigung von Zweiachsern mit 5 Tonnen Nutzlast bei einem Gesamtgewicht von 10 Tonnen und den Bau von Dreiachsern mit Luftbereifung mit einer Nutzlast von über 10 Tonnen bei einem Gesamtgewicht von 18,5 Tonnen. Die Reichsstraßenverkehrsordnung von 1934 erhöhte wiederum die Tonnagen. Ein Kraftfahrzeug mit zwei Achsen konnte jetzt ein Gesamtgewicht von 16 Tonnen, ein Dreiachser ein Gesamtgewicht von 24 Tonnen aufweisen. Auch der Bau von Vierachsern war mit einem Gesamtgewicht von 24 Tonnen möglich. Schließlich ist hier noch zu erwähnen, daß das Reichsverkehrsgesetz von 1938 die Nutzlast von Zweiachsern auf 8/9 und von Dreiachsern auf 13/14 Tonnen festlegte.

Einen Erfolg aber hatten die unerbittlichen Konkurrenzkämpfe und die ab 1925 spürbaren Gewinne an Marktanteilen durch die nordamerikanischen Produzenten: Sie drängten die Konstruktionsabteilungen der deutschen Firmen zu einer Fülle technischer Experimente mit bedeutenden Entwicklungen. So fallen in diese Zeit die Versuche mit benzinelektrischem Antrieb bei der Firma FAUN, was jedoch bei Fortfall des Getriebes einen erhöhten Aufwand in der Konstruktion bedeutete. Versuche mit Frontantrieb bei Lastwagen und Omnibussen unternahmen die Firmen LWD, Rumpler (zusätzlich mit Schwingachsen), Magirus und Vomag, wobei aus patentrechtlichen Gründen zugunsten der Pkw-Marke DKW die Bezeichnung „Vornantrieb“ anstelle von „Frontantrieb“ verwendet wurde. Weitere technische Neuheiten waren der Einbau von Scheibenbremsen, von halbautomatischen Getrieben, von elektromagnetischen Bremsen und von Allradantriebssystemen.
Als wichtigste technische Entwicklung in diesem Zusammenhang ist die Konstruktion des schnellaufenden Fahrzeug-Dieselmotors hervorzuheben.

Die Firmen Benz u. Cie. in Gaggenau, Daimler-Motoren-Gesellschaft in Berlin-Marienfelde und die Maschinenfabrik Augsburg-Nürnberg (MAN) stellten ab 1923/24 ihre Vier- oder Sechszylinder-Dieselmotoren vor. Zwar hatte sich der Dieselmotor schon im stationären Betrieb mit seinem schweren und unförmigen Luftverdichter bewährt, aber erst die Entwicklung kompressorloser, schnellaufender Motoren, die mit einer Hochdruck-Ölpumpe ausgestattet wurden, leitete die frühzeitige „Verdieselung" der deutschen Nutzfahrzeuge ein.
Während die Erstausstattung der Fahrzeuge mit Dieselmotoren nur zögernd anlief, konnten die Firmen schon Dieselmotoren zum Umrüsten der mit Vergasermotoren ausgestatteten Fahrzeuge absetzen. An diesem Austauschgeschäft beteiligten sich auch die Motorenfabrik Kämper in Berlin, die Motoren-Werke Mannheim (MWM) und die Junkers Motorenwerke in Dessau.
Zwar konnte der neue Motorentyp wie angedeutet zunächst keine große Verbreitung erzielen und wurde zeitweilig nur auf Bestellung bei den großen Fahrzeugherstellern gebaut, doch mit Beginn der dreißiger Jahre setzte sich der Selbstzündermotor im Nutzfahrzeugbereich immer mehr gegenüber dem im Verbrauch weniger wirtschaftlich arbeitenden Benzinmotor durch. Die Motoren von Daimler-Benz arbeiteten nach dem Vorkammer-, die der Firma MAN nach dem Strahlzerstäubungsprinzip, die von Junkers sowie von Krupp (nach Junkers-Lizenz) konstruierten Gegenkolben-Dieselmotoren im Zweitaktverfahren. Die Henschel-Werke bauten den wirtschaftlichen Lanova-Dieselmotor in ihre Fahrzeuge ein, der nach dem Luftspeicherverfahren arbeitete. Büssing und Magirus übernahmen das Vorkammerverfahren, während die Vomag das Wirbelkammersystem entwickelte. Auch erste Experimente mit der Aufladung des Dieselmotors durch ein Rootsgebläse fallen in diese Zeit.
Als selbstverständliche Bauelemente galten zu Beginn der dreißiger Jahre die Luftbereifung anstelle der Elastikbereifung, der Kardan- oder Schneckenantrieb, die hydraulische oder die druckluftbetätigte Bremsanlage für alle Räder, der elektrische Anlasser sowie die sonstige elektrische Ausstattung des Fahrzeugs. Kippbare Pritschen, Kugellager anstelle von Gleitlagern und Getriebeschaltungen anstelle der außenliegenden Kulissenschaltung waren nun Standardeinrichtungen im Fahrzeugbau wie auch feste Fahrerhäuser und gekröpfte Rahmen zum Bau von Niederrahmenfahrzeugen.
Die auf militärische Unternehmungen ausgerichtete Wirtschaftspolitik der NS-Führung brachte mit dem Ausbau der Landstraßen und dem Bau der Autobahnen sowie der finanziellen Unterstützung bzw. steuer-

lichen Entlastung beim Kauf eines Neuwagens eine bedeutende Produktionssteigerung für die deutsche Nutzfahrzeugindustrie nach dem Chaos der Weltwirtschaftskrise.
Die staatlichen Aufträge für die Motorisierung der Reichswehr bzw. späteren Wehrmacht und anderer staatlicher Institutionen wie des Roten Kreuzes, der Hilfszüge der Gaue, der Organisation Todt, der Reichsbahn, der Reichspost und der Technischen Nothilfe brachten den Firmen, die die Krisenjahre überstanden hatten, einen enormen Aufschwung. Marktführer für leichte Lastwagen wurden die Firmen Ford und Opel. Das Rüsselsheimer Unternehmen hatte dabei für den Bau seiner Schnellaster in Brandenburg an der Havel nach modernsten Gesichtspunkten das größte europäische Lastwagenwerk aufgebaut. Marktführer für mittlere und schwere Nutzfahrzeuge war die Daimler-Benz AG. Neben diesen Firmen teilten sich den Lkw-Markt die Firmen Büssing-NAG, FAUN, Hansa-Lloyd (ab 1938 Borgward), Henschel, Krupp, Magirus, MAN, Phänomen und Vomag. Opel, Ford und Hansa-Lloyd beherrschten dabei den Markt der leichten und mittleren Fahrzeuge zu 80 Prozent; Daimler-Benz, Büssing-NAG und Magirus waren in der schweren Klasse zu 87 Prozent vertreten.
Höhepunkt der technischen Innovationen waren in der zweiten Hälfte der dreißiger Jahre der Bau des 14-Tonners von FAUN, der ein vierachsiges Fahrgestell besaß, der Bau von Allradantriebsfahrzeugen durch alle namhaften deutschen Hersteller und die Vorstellung des Magirus-Frontlenkers mit einem Zwölfzylinder-Boxermotor.
Der Dieselmotor stand gegen Ende der dreißiger Jahre in der Vierzylinderausführung mit durchschnittlich 70 bis 75 PS und in der Sechszylinderausführung mit 100, maximal 150 PS zur Verfügung. Eine weitere technische Besonderheit war die Einführung der Luftkühlung im Nutzfahrzeugbereich. Die Krupp-Werke bauten luftgekühlte Vergasermotoren ab 1929, die Firma Phänomen rüstete ab 1931 ihre Vergasermotoren und 1939 einen Dieselmotor mit einer Gebläseluftkühlung aus.
Die Tabelle auf Seite 16 zur Produktionskapazität der deutschen Nutzfahrzeugindustrie soll einen Einblick in die Kapazität, die Markt- und die Exportanteile an Lastwagen im Jahre 1937 geben.
Das von dem Generalbevollmächtigten für das Straßenwesen (auch unter der Bezeichnung Generalbevollmächtigter für das Kraftfahrwesen, GBK), dem Obersten Adolf von Schell (1893-1969) im Rahmen des 2. Vierjahresplanes im Jahre 1939 verfügte Typenprogramm (*Schell-Programm*) kanalisierte die Modellvielfalt von angeblich 113 verschiedenen Typen auf 14 Haupttypen in der 1-, 1,5-, 3-, 4,5- und 6-Tonnen-Klasse. Von Schell hatte zuvor im Oberkommando des Heeres als

Firma	Zulassungen	Export	Gesamt
Büssing-NAG AG	2293	518	2811
Daimler-Benz AG	4123	932	5055
FAUN-Werke	329	74	403
Ford-Köln AG	7262	1642	8904
Hansa-Lloyd-Goliath-Werke AG	5355	1211	6566
Henschel u. Sohn GmbH	488	110	598
Humboldt-Deutzmotoren AG	1521	344	1865
Fried. Krupp AG	1269	287	1556
Maschinenfabrik Augsburg-Nürnberg AG	866	196	1062
Adam Opel AG, Brandenburg	15771	6205	21976
Phänomen-Fahrradwerke G. Hiller AG	738	167	905
Vomag Betriebs-AG	352	79	431

Chef der Waffenabteilung der Panzertruppe und der Kavallerie die Möglichkeiten der Heeresmotorisierung bearbeitet. Seit 1937 hatten hierzu die deutschen Hersteller Vorschläge für dieses Vorhaben eingereicht. 1938 war ein Beirat aus Vertretern der Wehrmacht, der Reichsbahn, der Reichspost und privater Unternehmen eingerichtet worden, der unter Vorsitz von Oberst von Schell die Grundtypen, die Nachbautypen und die betreffenden Hersteller festlegte. Weitere Typenbegrenzungsprogramme wurden für Traktoren, Zugmaschinen, Aufbauten und Lastwagenanhänger erstellt.

1942 wurde der inzwischen zum Generalmajor beförderte von Schell abgelöst und durch den Leiter des Kfz-Ausschusses im Reichsministerium für Bewaffnung und Munition, Direktor Wilhelm SCHAAF, ersetzt.

Die Fertigungskapazitäten der Automobil- und Zulieferbranche konnten durch diese Programme auf die entsprechenden Forderungen der Militärbehören eingestellt werden.

Gemäß der Verordnung zur Typenbeschränkung in der deutschen Automobilindustrie sollten die Firmen nur folgende Typen an Nutzfahrzeugen herstellen:

A) 1 t Nutzlast:
ein Haupttyp der Firma Carl F. W. Borgward mit Ottomotor.

B) 1,5 t Nutzlast:
ein Haupttyp der Firma Carl F. W. Borgward mit Otto- und Dieselmotor,
ein Haupttyp der Firma Daimler-Benz AG mit Otto- und Dieselmotor,

ein Haupttyp der Firma Ford Motor Company AG mit Ottomotor,
ein Haupttyp der Firma Adam Opel AG mit Ottomotor,
ein Haupttyp der Firma Stoewer AG mit Dieselmotor,
ein Haupttyp der Firmen Klöckner-Humboldt-Deutz AG, Magirus-Werke und Ringhoffer Tatra-Werke AG mit Dieselmotor (Herstellung nach der zwischen den beiden vorgenannten Firmen vereinbarten gemeinsamen Konstruktion).

C) 4,5 t Nutzlast:
ein Haupttyp der Firma Büssing-NAG Vereinigte Nutzkraftwagen AG mit Dieselmotor,
ein Haupttyp der Firmen Daimler-Benz AG und Wiener Automobilfabrik AG vorm. Gräf und Stift mit Dieselmotor (Herstellung nach der zwischen den beiden vorgenannten Firmen vereinbarten gemeinsamen Konstruktion),
ein Haupttyp der Firmen Österr. Automobil-Fabrik AG vorm. Austro-Fiat, Klöckner-Humboldt-Deutz AG, Magirus-Werke, Maschinenfabrik Augsburg-Nürnberg AG,
Österr. Saurer-Werke AG mit Dieselmotor (Herstellung nach der zwischen den vorgenannten vier Firmen vereinbarten gemeinsamen Konstruktion, mit der einzigen Abweichung, daß der Firma Österr. Saurer-Werke AG der Einbau des Saurer-Motors bis auf weiteres gestattet ist),
ein Haupttyp der Firma Henschel und Sohn GmbH mit Dieselmotor mit der Auflage, sobald als möglich in der Konstruktion den Anschluß an eine der vorgenannten drei Gruppen zu gewinnen.

D) 6,5 t Nutzlast:
ein Haupttyp der Firma Büssing-NAG Vereinigte Nutzkraftwagen AG mit Dieselmotor,
ein Haupttyp der Firma Vomag Maschinenbau AG mit Dieselmotor,
ein Haupttyp der Firmen FAUN-Werke, A. Fross-Büssing KG, Fried. Krupp AG, Maschinenfabrik Augsburg-Nürnberg AG (Herstellung nach der zwischen den vorgenannten vier Firmen vereinbarten gemeinsamen Konstruktion).

E) Anmerkung
Den Firmen Büssing-NAG Vereinigte Nutzkraftwagen AG und Henschel und Sohn GmbH wird die Herstellung eines Dreiachsfahrgestells für Großraumomnibusse nach einer zu vereinbarenden gemeinsamen Konstruktion zugestanden.

Für die Entwicklung der 4,5- und Sechstonner wurde das Frankfurter Gemeinschaftsbüro eingerichtet. Bis 1940 sollten sich die Produzenten

auf den Bau dieser steuerbegünstigten Straßen-(S)- und Allrad-(A)-Typen einstellen. Durch die Kriegslage kam es dann aber doch nur zu einer teilweisen Verwirklichung des Schell-Programms.
Während des Zweiten Weltkrieges wurden die nach dem Schell-Programm entwickelten Typen in großen Stückzahlen fast ausschließlich für die militärische Verwendung gebaut.
Schließlich ist in diesem Zusammenhang noch zu erwähnen, daß zu den Merkwürdigkeiten des Schell-Programms der zwangsweise Lizenzbau des technisch gelungenen und preiswerten Opel-„Blitz" durch die Daimler-Benz AG zählt; die Auto-Union fertigte im Wanderer-Werk nach Ablehnung der eigenen Frontlenker-Prototypen den leichten Steyr-Lkw, damit die geforderten Stückzahlen den Militärbehörden verzögerungsfrei abgeliefert werden konnten.
Ebenso fällt in diese Zeit der durch die Autarkiepolitik und durch die Kriegslage bedingte Einsatz von Fahrzeugen mit Holzgas- und Anthrazitgeneratoren. Mit immer härteren Bestimmungen wurde dabei während der Kriegszeit der Einsatz von Fahrzeugen mit Benzin- oder Dieselbetrieb im Heimatgebiet eingeschränkt und für Transportaufgaben im Kriegsgebiet vorbehalten. „Generatorgas"-Fahrzeuge übernahmen daher die Transportleistungen für zivile Zwecke.
Die Generatoren für Feststoffe konnten teerhaltige Steinkohle, Braunkohle, Torf und Holz sowie teerfreie Koksorten und Holzkohle verschwelen. Ein anderes Verfahren verarbeitete Anthrazitkohle. Der Verwendung von Holzkohle kam dabei die größte Bedeutung zu. Das trockene, harzfreie und zerkleinerte Holz verschwelte unter Abschluß von Außenluft. Die Schwelgase wurden über einen Gaskühler, einen Absitzbehälter und einen Nachreiniger dem nach dem Vergaserprinzip arbeitenden Motor zugeführt, was voraussetzte, daß Dieselmotoren mit sogenannten Gasköpfen auf das Zündsystem umgerüstet werden mußten.
Von großem Nachteil waren die umfangreiche Generatoranlage, der zwanzigprozentige Leistungsabfall, die geringe Reichweite einer Generatorfüllung von ca. 100 km sowie die lange Anheizzeit des Generators.
Stadtomnibusse wurden mit Propan- oder Butan-Gasanlagen versorgt, die entweder in einem Hänger mitgeführt oder in einem Dachaufbau untergebracht wurden.
Produzenten dieser Anlagen waren innerhalb der „Arbeitsgemeinschaft der Hersteller von Gaserzeugern für feste heimische Treibstoffe (Generatoren-Gemeinschaft)" die Firmen
Berliner Maschinenbau AG, vorm. L. Schwartzkopff, Berlin N4,
Daimler-Benz AG, Stuttgart,

Danneberg & Quandt, Berlin-Lichtenberg,
Gustloff-Werke, Weimar,
Hansa-Gas-Generatoren-GmbH, Berlin-Charlottenburg 5,
Wilh. Hädrich, Duisburg,
Holzkohle-Verkaufsstelle-GmbH, Frankfurt/Main,
Klöckner-Humboldt-Deutz AG, Köln-Deutz,
Imbert-Generatoren GmbH, Köln-Braunsfeld,
Menck & Hambrock GmbH, Hamburg-Altona,
Orenstein & Koppel AG (später MBA), Berlin SW 61,
Südgas, Sinsheim,
Westwaggon Vereinigte Westdeutsche Waggonfabrik AG, Köln-Deutz,
Wisco Fahrzeug-Gasgeneratoren Grau, Isendahl & Co. KG, Berlin-Halensee.

Trotz vielfältiger technischer Verbesserungen blieb der Einsatz von „Gengas"-Fahrzeugen eine autarkie- und treibstoffmangelbedingte Notlösung, die nach 1948 ihr Ende fand, als wieder genügend flüssiger Treibstoff zur Verfügung stand.

Die Ausstattung der laufenden Produktion mit Bereifungen und Gummiteilen machte im Gegensatz zu den Engpässen während des Ersten Weltkrieges keine Schwierigkeiten, da „Buna"-Gummi als Ersatz für das Naturprodukt in genügenden Mengen hergestellt werden konnte.

Die Vereinheitlichung der Bauteile und die Beschränkung bei der elektrischen Ausrüstung konnten den Produktionsaufwand senken. Der Mangel an Kugellagern, Spezialstählen und Blechen konnte jedoch nicht behoben werden. So zeigte sich gegen Ende 1944 der verlorene Krieg deutlich an; Holz- und Preßholzplatten dienten immer mehr als Ersatzstoffe für Fahrerhäuser und Omnibusaufbauten, Winker und Scheinwerfer (außer Tarnscheinwerfer) fielen kriegsbedingt 1944 fort.

Ein Blick soll an dieser Stelle noch auf die Dampffahrzeuge geworfen werden. Die Entwicklung und die Fertigung von Fahrzeugen mit Dampfantrieb ruhte nach den Versuchen mit dem Stoltz-Lastwagen, abgesehen von einigen Lastwagen der Firma Badenia, dann bis in die dreißiger Jahre. Im Jahre 1934 erwarben die Henschel-Werke eine Lizenz zum Nachbau der kompakten Hochdruckdampfanlage der Gebrüder Doble aus den USA und unternahmen bis zum Kriegsbeginn erneut Versuche zur Anwendung des Dampfantriebs für Nutzfahrzeuge. Insgesamt wurden 16 (verschiedene) Lastwagen und Omnibusse in Kassel gefertigt und hauptsächlich von der Reichsbahn bis in die Kriegszeit eingesetzt. Die Fahrzeuge hatten zwar gegenüber dieselgetriebenen Konkurrenten hervorragende Drehmomenteigenschaften, da die Dampfmaschine ihre Energie ohne zwischengeschaltete Getriebe auf die Hinterachse abgab, aber der hohe Brennstoffverbrauch und das ungünstige Gewicht/Nutzlastverhältnis zeigte auch diesmal die Unwirtschaftlichkeit der Dampfmaschine im mobilen Betrieb auf.

Batterie-elektrische Fahrzeuge für den Paketzustelldienst, für innerstädtische, kommunale und innerbetriebliche Transportzwecke erlangten bis gegen Ende der zwanziger Jahre und dann wieder ab der Mitte der dreißiger Jahre eine größere Bedeutung. Darunter waren Lastwagen der Firmen AEG, Aktiengesellschaft für Akkumulatoren- und Fahrzeugbau A.A.A., Bergmann-Electricitäts-Werke, Bleichert u. Co., Elitewagen AG, Maschinenfabrik Esslingen (ME), Hansa-Lloyd-Werke, Heinrich Scheele Kraftfahrzeugfabrik und Siemens-Schuckert-Werke AG. Das breiteste Programm bot dabei die Marke Lloyd mit Lastwagen von 1 bis 5 Tonnen Nutzlast und im Jahre 1928 sogar mit einem Omnibustyp an. 54 Jahre lang war diese Marke auf dem deutschen Markt vertreten; bei den meisten anderen Firmen handelte es sich nur um eine kurzzeitige und beschränkte Produktion. Die Nutzlast bewegte sich gewöhnlich zwischen 1,5 und 3 Tonnen. In geringer Stückzahl wurden von Bergmann, Elite und Lloyd Fünftonner, von der AEG im Jahre 1936 sogar Siebentonner hergestellt. Der Versuch der Maschinenfabrik Esslingen, 1937 ein dreiachsiges Fahrzeug für 5 Tonnen Nutzlast zu produzieren, wurde nach der Fertigung einiger Prototypen eingestellt, da der Reifenabrieb bei Kurvenfahrt infolge des hohen Gewichts der Batterien zu groß war. Eine letzte Fertigungswelle von elektrisch angetriebenen Lastwagen begann in der Zeit kurz vor dem Zweiten Weltkrieg, als flüssige Treibstoffe knapp wurden und „heimische" Elektroenergie ohne Rücksicht auf die Wirtschaftlichkeit für innerstädtische Transportleistungen verwendet werden konnte. Neben den Traditionsfirmen des Elektrofahrzeugbaus wie AEG, Bleichert, Borgward bzw. Lloyd (früher Hansa-Lloyd) und den Siemens-Schuckertwerken traten die Firmen MIAG und Talbot hinzu. Da die Kriegsproduktion jedoch Bleibatterien verstärkt für die Ausrüstung der U-Boote benötigte, konnten diese Fahrzeuge mit „heimischen Treibstoffen" nur bis zur Kriegswende 1942/43 angeboten werden.

Mein Dank gebührt allen Privatpersonen und Firmen, die mir bei der Zusammenstellung dieser Taschenbücher geholfen haben, insbesondere aber Herrn Karlheinz Hesse, der besonders eifrig Anregungen und Korrekturen einbrachte.

Hinweis:
In den folgenden Beschreibungen sind die Hersteller in den Firmenköpfen mit dem Zeitraum der Nutzfahrzeugfertigung sowie der Rechts- und Firmensitzveränderungen aufgeführt. Der erste oder der bekannteste Firmenname ist jeweils gewählt worden.

Erläuterungen zu den Abkürzungen in den Tabellen

T	Tonnage
SP	Beginn der Serienproduktion
Z	Zylinderzahl
PS	PS-Leistung (bzw. Leistung in kW)
B × H	Bohrung mal Hub
Hubr.	Hubraum
D	Drehzahl
Gew.	Gewicht
Mot.	Motorausstattung (bei Fremdbezug) und Besonderheiten wie u. a. D Dieselmotor L Luftkühlung

Nachfolgende Doppelseite: Zeitgenössische Werbung

BÜSSING
BÜSSING
Lastwagen
Lastzüge
H.Büssing, Spezialfabrik für Motor-Lastwagen und Motor-Omnibusse
Braunschweig

DÜRKOPP
Beim Wiederbeginn
der deutschen Arbeit
nützen Handel und Industrie
die große Leistungsfähigkeit der
DÜRKOPP
Lastkraftwagen
Dürkoppwerke Aktiengesellsch. Bielefeld.

A

Adlerwerke, vorm. Heinrich Kleyer AG, Frankfurt a. Main, Höchster Str., 1907–1934

Die seit 1898 im Fahrzeugbau tätige Firma hatte während des Ersten Weltkrieges größere Stückzahlen an Kriegslastwagen hergestellt. Nach dem Krieg wurde weiterhin der L3D/38 mit einem 42- bzw. einem 45-PS-Motor gefertigt. Bis 1926 blieb dieses als 3/3,5-, 3/4,5- und 4/5-Tonner ausgelegte Modell im Programm.
Besonderheiten waren die Universal-Dreiseitenkippeinrichtung sowie die erst bei Erwärmung einsetzende Kühlanlage nach dem Semmler-System und die Brennstoffheizung. Benzol und Leichtöle sowie später Phenolöle konnten verwendet werden. Die Bremstrommeln wurden mit Wasser zusätzlich gekühlt. Der Motor war als Einblockmaschine mit angeflanschtem Getriebe in einem Stahlblech-Hilfsrahmen eingebaut. Die Kettenbrücke trug an beiden Enden Lagerungen für die Kettenspanner. Auch in einer Omnibusversion wurde dieses Modell karossiert.
1926 wurde der 3,5-Tonner modernisiert und mit einem kleinvolumigen Motor mit 50 PS Leistung als Schnellaster hergestellt. Luftreifen und Vierradbremsen waren an dem Kardanfahrzeug vorhanden. Ein weiterer 40-PS-Leichtlastwagen war mit freiliegender Kupplung, Mittelschal-

32-PS-Adler 1,5 t 1927

60-PS-Adler 2/2,5 t 1927

tung, Öldruckbremsen und mit einem Schneckenantrieb ausgerüstet. Neben den Lastwagen stellte das Unternehmen von 1925 bis 1934 1,5-Tonnen-Lieferwagen her, die auf verstärkten Chassis des „Adler-Standard" mit Sechszylindermotoren aufgebaut waren. Auch dieser Typ L9 erhielt einen Schneckenantrieb. Als Pritschen-, Kasten- und Krankenwagen oder als Kleinbus konnte er geliefert werden. Bei diesem Typ L9 bestand außerdem die Möglichkeit, das Fahrzeug zur Waren- oder zur Personenbeförderung kombinieren zu können.

45-PS-Adler L6 1932

60/65-PS-Adler L6 1934

Als Typ 16 konnte dieses Modell auch für eine Last von 2,5 Tonnen geliefert werden.
1929 geriet das 6000 Mann starke Unternehmen in erhebliche finanzielle Schwierigkeiten durch den Zusammenbruch der Danatbank. Der neue Generaldirektor Ernst HAGEMEIER konnte das Unternehmen sanieren. Die unrentable Lkw-Fertigung wurde dabei aufgegeben. Mit der Firma → Büssing-NAG wurde 1931 ein Abkommen geschlossen, das vorsah, daß Adler die mittelschweren Büssing-NAG-Lastwagen in sein Verkaufsprogramm aufnahm.
Während des Zweiten Weltkrieges fertigte das Unternehmen Zugkettenfahrzeuge, Krankenwagen und neben diversen Rüstungsgütern einen geländegängigen Pkw.
Nach dem Krieg wurde nach einer sich später als falsch erwiesenen Entscheidung von Hagemeier der Automobilbau nicht wiederaufgenommen, Motorräder, Fahrräder, Schreib- und Nähmaschinen wurden produziert. In den sechziger Jahren übernahm die Grundig AG, später der US-Konzern Litton und in den siebziger Jahren das Volkswagenwerk das inzwischen zum reinen Büromaschinenwerk umgewandelte Unternehmen. Mitte der achtziger Jahre ging das Werk schließlich in die Hände der italienischen Firma Olivetti über.

Technische Daten der Adler-Fahrzeuge

Typ	T	SP	Z	PS	B×H	Hubr.	D	Gew.	Mot.
L3D/38	3	1918	4	42	110×156	5927	1100		auch 38 PS
L3	3,5	1918	4	45	114×160	6529	1000		
LI5/2	2,5	1925	4	30	86×135	3135	1200		
TZ	2,5	1925	4	60	110×150	5699	2200		
Z	3	1925	4	45	110×156	5927	1200		
L 2	2,5	1926	4	40	78×135	2680	2500		
L 2	3,5	1926	6	50	67×122	2579	2800		
L 2/12	2,5	1927	4	60	100×150	4710	2200	2500	
L 6	1,5	1927	6	45	67×122	2579	2600	1800	
L 9	1,5	1928	4	32	79×118	2312	2400	1870	
L 6	1,5	1931	6	50	75×110	2914	3000	1800	
L 6	2,5	1932	6	60/65	75×110	2914	3200	2500	

Akkumulatorenfabrik AG, Berlin, Askanischer Platz 3, 1918–1936

Dieses Unternehmen lieferte von 1918 bis etwa 1936 elektrisch angetriebene 1,5/2-Tonner der Marke Afa, die u. a. auch von der Berliner Firma Bolle als Milchwagen Verwendung fanden.

Aktiengesellschaft für Akkumulatoren- und Automobilbau,
Berlin NO 65, Ofenerstraße

1. 1919–1920 **Automobil- und Akkumulatoren-Bau GmbH für elektr. Fahrzeuge**
2. 1920–1922 **Auto- und Akkumulatorenfabrik Aktiengesellschaft (A.A.A.)**
3. 1922–1926 **Aktiengesellschaft für Akkumulatoren- und Automobilbau**

Dieses Unternehmen stellte neben Lieferwagen einen Paketzustellwagen für zwei Tonnen mit einem 8,5-PS-Elektromotor her. Der Motor war mit dem Vorgelege schwingend in einem gefederten Rahmen untergebracht. Die Reichweite des Typs „Electric“ betrug 60 km.

8,5-PS-A.A.A.-Elektrofahrzeug

Allgemeine Elektrizitäts-Gesellschaft (AEG), Berlin-Oberschöneweide, NW 40; Werk Henningsdorf/Osthavel, 1903–1905 und 1925–1942

Nachdem schon einmal nach der Jahrhundertwende AEG-Elektro-Fahrzeuge gefertigt worden waren und Elektrokarren stets im Programm blieben, entwickelte das Unternehmen aus seinen Elektrokarrenmodellen um 1925 einen 1,5- und einen 2,5-Tonner für den Straßenbetrieb. 1935 kamen ein Dreitonner vom Typ 3002 mit einem 13,5-kW-Motor und ein Sechstonner vom Typ EL 6002 mit einem 20-kW-Motor hinzu. 80- bzw. 160-Volt-Batterien dienten zur Stromversorgung. Die Höchstgeschwindigkeit betrug 25 bis 30 km/h.
Mit Beginn des Krieges mußte die AEG die Fahrzeugfertigung ein-

AEG-2,5-Tonner 1925

13,5-kW-AEG 3002 3 t

AEG-Elektromüllwagen

schränken und schließlich aufgeben. Die letzten Modelle wurden unter der Markenbezeichnung „AEG-Union“ vertrieben.
Für den Fahrzeugbau mit Verbrennungsmotoren war die AEG-Tochter → NAG zuständig.

AEG 6000

Fahrzeugfabrik Ansbach AG, Ansbach, Draisstr. 20

1. 1906–1916 **Fahrzeugfabrik Ansbach GmbH**
2. 1916–1919 **Fahrzeugfabrik Ansbach AG**
3. 1919–1920 **Fahrzeugfabriken Ansbach und Nürnberg AG (FAUN)**
4. 1920–1926 **FAUN-Werke AG**
5. 1926–1928 **Fahrzeugfabrik Ansbach AG, vorm. FAUN-Werke, Karl Schmidt AG, Ansbach**

Die Fahrzeugfabrik Ansbach, gegründet im Jahre 1906, schloß sich 1919 der Nürnberger Feuerlöschgeräte-, Automobillastwagen- und Fahrzeugfabrik an. Aus diesem Zusammenschluß entstanden die → FAUN-Werke. 1926 trennte sich das Ansbacher Unternehmen wieder von dem Nürnberger Werk und fertigte die FAUN 3,5-Tonner B2 noch bis 1928 unter dem Markenzeichen „Ansbach“. Eine Neuerscheinung war 1926 ein Postomnibus mit einem 70-PS-Maybach-Motor. Hydraulische Stoßdämpfer und eine Knorr-Vierradbremse waren technische Besonderheiten dieses Fahrzeuges und damit auch richtungsweisend für den Lkw-Bau.
Der Vertrieb der Erzeugnisse erfolgte über die Lastmotor-Verkaufs-Gesellschaft mbH in München. 1928 mußte der 520-Mann-Betrieb Konkurs anmelden.

Technische Daten der Ansbach-Fahrzeuge

Typ	T	SP	Z	PS	B×H	Hubr.	D	Gew.	Mot.
B 2	3,5	1926	4	45	116×150	6337	1000		Nürnberg/ Hercules

Apollo Werke AG, Apolda, Sulzaerstr. 3/5, 1916–1928

Die seit 1857 bestehende Landmaschinenfabrik Ruppe u. Sohn hatte 1904 den Motorwagen- und ab 1907 den leichten Nutzfahrzeugbau aufgenommen. Die Fahrzeuge wurden unter der Bezeichnung „Apollo“ vertrieben. Während des Ersten Weltkrieges stellten die Apollo Werke einen Regeldreitonner in kleinen Stückzahlen her.
Um 1924 fertigte das Unternehmen auch einen Schnellastwagen mit

30-PS-Apollo 1921

einem 30-PS-Motor. Automatische Zündmomentverstellung, Thermosyphonkühlung, Lederkonuskupplung und Luftbereifung waren Einzelheiten des 1,5-Tonners, der 45 km/h erreichen konnte.
Während der Wirtschaftskrise geriet auch dieses 400 Mann starke Unternehmen in Schwierigkeiten und stellte den Fahrzeugbau ein. Ab 1927 wurde das Unternehmen ein Vertriebsstützpunkt der → NSU, zumal familiäre Beziehungen zwischen den jeweiligen einstigen Unternehmerfamilien bestanden. 1932 mußten die Apollo Werke Konkurs anmelden.

Audi-Werke AG, Zwickau/Sachsen, Lessingstraße, 1912–1928

Die von dem Automobilpionier August Horch (1868–1951) eingerichteten Audi-Werke hatten 1912 den Bau von Nutzfahrzeugen aufgenommen. Nach dem Krieg wurden die bisherigen Modelle mit Kardanantrieb weitergebaut. Der 1,5-Tonnen-Typ BT mit 28 PS blieb von 1913 bis 1919 im Programm. Lediglich 8 Stück wurden hergestellt. Der 1912 erschienene 3,5-Tonnen-Typ Ct mit 35 PS wurde bis 1928 in 326 Exemplaren gefertigt. Der Typ Hc von 1916 blieb als Zweitonner bis 1928 im Programm. 332 Einheiten wurden hiervon gebaut. Schließlich erschien als Nachkriegskonstruktion der Et mit 50 PS, der von 1924 bis zur Aufgabe der Nutzfahrzeugfertigung im Jahre 1928 in 54 Exemplaren gebaut wurde. Schrägstehende Auslaß- und darüberhängende Einlaßventile, die von

Kipphebeln gesteuert wurden, kennzeichneten die Motorenkonstruktion. Mit Luftbereifung konnten die Fahrzeuge Geschwindigkeiten von 35 km/h erreichen.
August Horch schied 1920 aus seinem Unternehmen nach einem gerade noch abgewendeten Bankrott aus und widmete sich verschiedenen Aufgaben im staatlichen und privaten Automobilbereich; später wurde er wieder Aufsichtsratsvorsitzender der Auto-Union.
Da der Zusammenschluß mit der Ursprungsfirma Horch nicht zustande kam, übernahm die Sächsische Staatsbank das Unternehmen. 1928 erwarb der dänische Unternehmer Jörgen Skafte Rasmussen (1878–1964) die Aktienmehrheit und gliederte das Audi-Werk in seine DKW-Werke ein. Heute werden in dem Zwickauer Werk Motoren und Teile des DDR-Kleinwagens „Trabant“ gefertigt.

Technische Daten der Audi-Fahrzeuge

Typ	T	SP	Z	PS	B×H	Hubr.	D	Gew.	Mot.
BT	1,5	1918	4	28	80×130	2612			
Ct	3,5	1918	4	35	90×140	3560			
Hc	2	1916	4	35	90×140	3560			
Et	3,5	1924	4	50	110×150	5720			

35-PS-Audi Hc

Auto Union AG, Chemnitz, 1942

Die Auto Union AG konstruierte während des Krieges trotz eines Entwicklungs- und Produktionsverbotes einen interessanten Frontlenker-LKW vom Typ AU 1500. Die Fertigung erfolgte in dem Zweigbetrieb Wanderer in Siegmar. Das Fahrzeug war als geländefähiger S- oder als geländegängiger A-Typ mit Allrad-Antrieb entworfen worden. Besondere Kennzeichen waren ein kurzer Radstand, kurzer Vorderbau, große Wendigkeit, eine große, einteilige Frontscheibe und die kompakte Bauweise.
Zum Antrieb diente ein Sechszylinder-Wanderer-Vergasermotor, der bei 3500 Umdrehungen 62 PS abgab. Der Motor war weit hinter der Vorderachse tiefliegend angebracht. Der Kühler war vorne aufgesetzt. Am hinteren Ende des Motorblocks war das Vierganggetriebe angebracht. Beim A-Typ kam noch ein zweistufiges Umlaufgetriebe hinzu. Ein Verteilergetriebe gab bei diesem Typ die Kraft auf die zwei Kardanwellen ab. Die Achsgetriebe auf beiden Starrachsen waren seitlich versetzt, so daß beide Achsen, abgesehen von den Radgelenken, identisch waren. Die Kardanwellen wurden vom Verteilergetriebe aus seitlich am Motor vorbei zu den Achsen geführt. Vier Öldruckbremsen sorgten für die Verzögerung.

62-PS-Auto Union AU 1500

Das nur 1925 kg als Hinterachs- und 2210 kg als Allradantriebsmodell schwere Fahrzeug gehörte zu den fortschrittlichsten deutschen Fahrzeugkonstruktionen dieser Epoche. Nach dem Krieg wurde diese Konzeption in der SBZ/DDR mit dem Typ Horch H3 und dem Phänomen „Granit", in der Bundesrepublik bei verschiedenen Kleinlastern, so auch beim „Unimog" wieder aufgenommen.
Der Lkw, der in etwa 12 Prototypen gebaut wurde, erfuhr eine ausgiebige Würdigung in der damaligen Presse. Da die Reichsregierung die Entwicklung luftgekühlter Motoren favorisierte, entschied sie sich nicht für diesen überaus modernen Typ, sondern zwang die Auto Union zum Nachbau des 1,5-Tonners von Steyr. Ein Prototyp wurde von den US-Streitkräften 1945 erbeutet und steht heute in einem amerikanischen Militärmuseum.
Nach dem Krieg wurde das demontierte Werk als Großreparaturbetrieb für die Rote Armee und die Wismut AG sowie später für die zivile Wirtschaft eingerichtet.

Technische Daten der Auto-Union-Fahrzeuge

Typ	T	SP	Z	PS	B×H	Hubr.	D	Gew.	Mot.
AU 1500 S	1,7	1942	6	62	75×100	2651	3500	1925	Wanderer
AU 1500 A	1,6	1942	6	62	75×100	2651	3500	2210	dto.
Steyr 1500 A	1,5	1942	V8	85	78× 92	3517	3000	2500	L, Steyr-Lizenz

B

Badenia Maschinenfabrik Weinheim,
vorm. Wm. Carl Platz u. Söhne AG, Weinheim, 1919–1925

Die Dampfmaschinenfabrik Badenia entwickelte 1920 einen Heißdampf-Lkw, dessen zweizylindrige Gleichstrom-Dampfmaschine 24 bis 45 PS abgab. Ein Zwergkessel erzeugte bei 330 °C einen Dampfdruck von 15 Atmosphären. Der Heizrohrkessel war mit einer kastenförmigen Feuerbüchse versehen, in deren Rauchkammer die Patent-Feinstrom-Überhitzer untergebracht waren. Die Stahlröhren waren nach einem Platz-Patent nahtlos gezogen. Ein Röhren-Vorwärmer war vorhanden. Das Zwillings-Gleichstrom-System hatte den Vorteil, daß die Auslaßsteuerung fortfiel, da der Dampfauslaß durch den Kolben gesteuert wurde. Die Konstruktion war daher gegenüber einer Verbundmaschine einfacher ausgeführt.
Feste Brennstoffe wie Steinkohle, Briketts oder Koks konnten verheizt werden. Die Kraft der unter dem Kessel liegenden Zylindergruppe wurde mit Rollenketten auf die Hinterräder gebracht, wobei ein Zweiganggetriebe zwischengeschaltet war. Das Fahrzeug erreichte mit Elastikbereifung 30 bis 50 km/h, mit Eisenbereifung 16 km/h. Bei einem

Badenia-Dampflaster

Badenia-Dampflaster

Eigengewicht von 5,9 Tonnen konnte der Lkw mit zwei Anhängern 10 Tonnen Last befördern.
Das in der zeitgenössischen Literatur als „Bastard zwischen Straßenlokomotive und einem Lastwagen" bezeichnete Fahrzeug wurde nur in wenigen Exemplaren von der Luftfahrzeug GmbH in Seddin gefertigt. 1927 ging die Maschinenfabrik Badenia mit ihrem Teilwerk in Weinheim und ihrem Zweigwerk in Schwerin in den Besitz der Wolf-Buckau-Lanz AG über und stellte noch eine Zeitlang die kleineren Dampfmaschinen dieser Firmengruppe her.

Benz u. Cie. Rheinische Automobil- und Motorenfabrik Mannheim AG, Mannheim-Neckarau, Waldhofstraße

1. 1895–1899 **Benz u. Cie. Rheinische Gasmotoren-Fabrik OHG**
2. 1899–1911 **Benz u. Cie. Rheinische Gasmotoren-Fabrik AG**
3. 1911–1926 **Benz u. Cie. Rheinische Automobil- und Motorenfabrik Mannheim AG**

Die während des Krieges entwickelten Lastwagen 3K2 und 5K wurden

50/55-PS-Benz 5K3

45-PS-Benz MS

mit Kardan- und mit Kettenübertragung zunächst weitergebaut. Erste Neuschöpfung war der Dreitonner ET3 mit 45-und 50-PS-Motoren. 1919 kam der 1,5-Tonner 1C hinzu, der einen 35-PS-Motor besaß. Ein schwerer 4/5-Tonner vom Typ 5K3 mit Kettenantrieb löste mit seinem 55-PS-Motor im Jahre 1920 den Kriegslastwagen der gleichen Klasse ab. Ebenso ersetzten der 3C und später das Niederrahmen-Modell 3CN den Regeldreitonner. Die Fahrgestelle waren aus Stahlblechträgern mit drei Unterzügen zusammengeschweißt. Schubstangen nahmen die Kräfte beim Anfahren und beim Bremsen auf. Die 4/5-Tonner wurden im Werk Gaggenau, die leichteren Typen im Werk Mannheim gefertigt.

45-PS-Benz 3K2

Neben den Pritschen- und Kastenwagen stellte das Werk auch Omnibusse auf Niederrahmenfahrgestellen und Feuerwehrfahrzeuge her.
1923 erschien der Niederrahmen-Lkw MS mit einem 45-PS-Motor. Das in Frontlenkerbauart ausgeführte Fahrzeug besaß eine Ladepritsche, die 80 cm über dem Boden angebracht war. Eine hydraulische oder eine mechanische Kippvorrichtung konnte angebracht werden. Das ursprünglich für die Zwecke der Müllabfuhr konstruierte Fahrzeug wurde auch in einer Omnibusversion für den Überlandverkehr angeboten. Jedoch nur wenige Exemplare dieses fortschrittlich entworfenen Fahrzeugs mit vorwiegend Elastikbereifung wurden gebaut.
Große Beachtung fand 1924 auf der Amsterdamer Motor-Ausstellung die Vorführung des ersten Diesel-Lastwagens der Welt, der seit 1923 in der Umgebung von Gaggenau auf seine Betriebssicherheit hin ausgiebig getestet worden war. Seit 1911, nachdem im Jahre 1907 das

grundlegende Diesel-Patent abgelaufen war, hatten die Benz-Mitarbeiter, Oberingenieur FORSBACH und Ingenieur Prosper L'ORANGE (1876–1939), am Entwurf und an der Konstruktion eines schnellaufenden und kompressorlosen Dieselmotors gearbeitet, wobei das Vorkammer-Verfahren Verwendung fand. Bei diesem Verfahren wurde der Brennstoff nicht direkt in den Brennraum, sondern in eine darüber befindliche Vorkammer eingespritzt. Von der Vorkammer aus wurde der Verbrennungsprozeß eingeleitet, der dann mit großer Intensität auf den im Hauptbrennraum zerstäubten Brennstoff übergriff. L'Orange war es dabei gelungen, einen trichterförmigen Durchlaß zu konstruieren, der gleichzeitig als temperaturregelndes Element diente, das die Verkokung verhinderte. Eine mechanisch-hydraulische Einspritzanlage eigener Konstruktion gelangte zum Einbau. Eine Glühkerze pro Zylinder erleichterte das Anlassen des noch kalten Motors.
In seiner zweizylindrigen Ausführung wurde der Motor zunächst in dem MWM-Traktor „Motorpferd" erprobt. Der vierzylindrige Motor vom Typ 082 wurde mit einer Leistung von 45 PS dann in drei Fahrzeuge vom Typ 5CN eingebaut. Um sich von den Konkurrenzprodukten abzusetzen, wurde der Selbstzündermotor als „Ölmotor" bezeichnet; die Fahrzeuge trugen zeitweise die Kühleraufschrift „Rohöler". Mit dem Aufgehen der Firma Benz u. Cie. in der → Daimler-Benz AG im Jahre 1926 wurden die Diesel-Ambitionen in die neue Gesellschaft eingebracht.
Ein Interessenvertrag mit der Daimler-Motoren-Gesellschaft sah 1924 nur noch den Bau von Fahrzeugen bis etwa 3,5 Tonnen vor. Letzte Benz-Entwicklung waren 1925 die Typen 2CN/a und 3CN/b. Der Dreitonner war mit einem 55-PS-Motor ausgestattet, der einen Hubraum von 8,1 Litern besaß. Vor allem in Omnibusversionen wurde das mit Vollgummi- oder mit Luftreifen ausgestattete Fahrzeug gebaut. Der kleinere 2CN/a konnte als 22/24sitziger Omnibus mit einem 40/45-PS-Motor geliefert werden. Zur besseren Abfederung waren beide Modelle mit langen hinteren Blattfedern ausgestattet. Mechanische Vierradbremsen wurden ab 1926 eingebaut. Die Höchstgeschwindigkeit lag bei 35 km/h. Bis 1927 wurden diese Modelle gebaut.
Ein geplanter 10,3-Liter-Vierzylindermotor gelangte nicht mehr zum Serienbau.
Mit der Motorenfabrik München-Sendling hatte Benz u. Cie. 1919 die Benz-Sendling Motorpflug GmbH gegründet, die Schlepper in dem von Benz während der Kriegszeit eingerichteten Werk „Automobil- und Aviatik AG" in Leipzig-Heiterblick herstellte.
Hinzuweisen ist noch darauf, daß 1922 der „Börsenspekulant" Jakob SCHAPIRO, ein in Odessa geborener Berliner Automobilhändler, 40 Pro-

Benz-Frontlenker

Benz-Kipper 3 t

zent der Aktienanteile an den Benz-Werken erworben hatte. Bis 1926 konnte er seinen Anteil auf 60 Prozent steigern. Neben den Benz-Werken kontrollierte er die Karosseriefabrik Schebera GmbH in Berlin, die Cyklon-Maschinenfabrik in Mylau/Vogtland, die dreirädrige Fahrzeuge herstellte, die Gothaer Waggonfabrik mit den → Dixi-Werken, die → Neckarsulmer Fahrzeugwerke (NSU) und zeitweise die Hansa-Automobilwerke in Varel. Darüber hinaus war er an zahlreichen in der Automobilindustrie tätigen Unternehmen beteiligt.
Die Benz-Werke produzierten von Ende 1918 bis zur Fusion etwa 6200 Nutzfahrzeuge.

Technische Daten der Benz-Fahrzeuge

Typ	T	SP	Z	PS	B×H	Hubr.	D	Gew.	Mot.
ET 3	3,5	1918	4	45	117×150	6450		3150	auch 125× 150, 50 PS
1 C	1,5	1919	4	35	100×150	4760	1200	2900	
5 K 3	4,5	1920	4	55	120×180	8142		4200	Kette
2 C	2	1920	4	45	110×165	6272	1200	3600	
3 C	3,5	1921	4	45	110×165	6272	1200	3800	
3 CN	3,5	1923	4	55	120×180	8142	1000	4150	
MS	3	1923	4	45	110×165	6272	1200	3000	
5 CN	5	1923	4	45/50	125×180	8831	1000	5050	D
3 CN/b	3,5	1925	4	55	120×180	8142	1000	5300	

Bergmann-Electricitäts-Werke AG, Berlin-Rosenthal, Oudenardstr. 23/32 u. Berlin-Halensee, Joachim-Friedrich-Str. 37 u. Nestorstr. 10/12, 1910–1941, 1949–1952

Die Automobilabteilung dieser bekannten Elektrofirma hatte kurz vor dem Ersten Weltkrieg den Lastwagenbau aufgenommen. Nach dem Krieg wurden der 2,5- und der 3,5-Tonner weiterhin mit dem 38-PS-Motor gebaut. Ein Kardanantrieb löste den Kettenantrieb nun ab. Die Fahrzeuge erreichten eine Geschwindigkeit von 27 km/h.
Im Jahre 1922 scheint der Lkw-Bau mit Benzinmotoren aufgegeben worden zu sein. Dafür stellte das Unternehmen ein Programm an Elektrofahrzeugen auf. Die Modelle waren auf stabilen Längsträgern mit Querverstrebungen aufgebaut mit quer zur Fahrtrichtung liegenden,

38-PS-Bergmann 3,5 t

2x7,6-PS-Bergmann 5 t

Bergmann BEM 2500 2,5 t

Bergmann BELK 2500 Kehrmaschine

sechspoligen Hauptschlußmotoren mit zwei Kollektorreihen. Der 4,5-Tonner besaß zwei 7,6-kW-Motoren, die wasserdicht gekapselt und kugelgelagert waren. Der Antrieb erfolgte über Kardanwellen und Stirnradvorgelege. Der unter dem Fahrersitz auf Schraubenfedern ruhende 80-Zellen-Batteriesatz versorgte die Motoren mit Energie.
Ein weiteres Modell war der 2,5-Tonner, der hauptsächlich als Paketwagen bei der Reichspost Verwendung fand. Das Fahrzeug besaß einen Kettenantrieb.
Beide Modelle verfügten über elektrische Bremsen und eine Kühlerattrappe, unter der die Walzen-Schalteinrichtung untergebracht war. Die Reichweite betrug 60 bis 70 km. Als Besonderheit wurde die leichte Bedienbarkeit der Fahrzeuge hervorgehoben.
Im Jahre 1928 wurde das Programm erneuert. Der 2,5-Tonner BEL 2500 besaß nun einen 9-kW-Motor, der auf 30 PS Höchstleistung gesteigert werden konnte. Eine Geschwindigkeit von 18 km/h konnte das Fahrzeug erreichen.
Der 4,5/5-Tonner BEL 4500 besaß weiterhin die zwei 7,6-kW-Motoren, die bei Höchstleistung auch 30 PS abgaben. Ein Zahnradvorgelege war

Bergmann BEL 5000 5 t

zwischen der Kardanwelle und den Hinterrad-Halbachsen angebracht. Um 1931 wurden die Fahrzeuge nochmals überarbeitet. Der Motor des BEL 2500 war nun quer am Rahmen angebracht. Über ein Ketten- und Kardansystem sowie ein Ausgleichsgetriebe wurde die Hinterachse angetrieben. Die Höchstgeschwindigkeit betrug nun mit Luftbereifung 25 km/h. Der Motor konnte beim Bremsvorgang als Generator umgeschaltet werden.
1935 wurde das kleine Modell auch als Kommunaltyp BELK 2500 mit einer Spezialausrüstung angeboten. Als Paralleltyp BEM 2500 besaß er einen 10-kW-Hauptschlußmotor. Diese Fahrzeuge fanden weiterhin große Verwendung als Paketfahrzeuge sowie als Zustellwagen bei Molkereien (z. B. bei Bolle in Berlin) und bei Brauereien. Die Aufbauten erstellte die Waggonfabrik Steinfurt in Königsberg.
Im Kriegsjahr 1941 bot Bergmann noch einen 1,5- und einen Dreitonner an. Nach dem Krieg wurden in dem im Ostteil Berlins gelegenen Bergmann-Werk noch einige Fahrzeuge aus vorhandenen Teilen montiert.

Technische Daten der Bergmann-Fahrzeuge

Typ	T	SP	Z	PS	B×H	Hubr.	D	Gew.	Mot.
	2,5	1921	4	38	110×150	5699	1150	3900	
	3,5	1921	4	38	110×150	5699	1150		
				kW					
	2,5	1921		7,6			650		
	4,5	1921		7,6			650		
BEL 2500	2,5	1928		9			950	3200	
BEL 4500	4,5	1928		2×7,6			670		
BELU 2500	2,5	1928		9			950	2750	
BEM 2500	2,5	1935		10			950	2700	

Akkumulatorenfabrik Berga GmbH, Rastatt/Baden,
Industriestr. 34/36, 1936

In Zusammenarbeit mit der Waggonfabrik Rastatt stellte die bekannte Batteriefabrik 1936 einen Lkw-Typ her. Trotz der Förderung der „Verwendung heimischer Energien" wurde der Serienbau nicht aufgenommen.

Adolf Bleichert u. Co. AG, Leipzig N 22, Kaiser-Friedrich-Str. 34

1. 1925–1936 **Bleichert-Transportanlagen GmbH,** Leipzig N 22, Bleichertstr. 15
2. 1936–1945 **Adolf Bleichert u. Co. AG,** Leipzig, Kaiser-Friedrich-Str. 34
3. 1946–1951 **Bleichert Transportanlagen GmbH Westdeutschland,** Köln, Brandenburger Str. 2

Die Transportanlagenfabrik Bleichert, 1874 von Adolf Bleichert (1845–1901) zum Bau und Vertrieb mechanischer Förderanlagen gegründet, rüstete ab 1925 Elektrotransportkarren auch zu Lastwagen für 1,5 t Nutzlast unter der Marke „Eidechse" um. 1935/36, Bleichert war inzwischen zum größten Elektrokarrenhersteller in Deutschland aufgestiegen, weitete die Firma das Programm auf Fahrzeuge mit 1,5-, 2,5-, 3-, 3/4,8- und 6,7/7,3 Tonnen Nutzlast aus. Ein oder zwei Motoren kamen zum Einbau. Der 6/7-Tonner konnte auch mit drei Achsen geliefert werden. Die Fahrzeuge wurden unter der Bezeichnung „Bleichert-Stromwagen" verkauft. Die späteren Haupttypen EL 1800 und EL 2002 mit zweimotorigem, 9 bis 18 kW starkem Antrieb wurden bis in das Jahr 1942 gefertigt. Kardanwellen trieben die differentiallosen Hinterachsen an.

Bleichert-Elektro-Zweitonner

Bleichert 3002

2x13-PS-Bleichert-Elektromüllwagen

Beachtung fand 1940 ein mit zwei 13-kW-Elektromotoren angetriebener Großraum-Müllwagen in Frontlenkerbauart.
Unter der Bezeichnung VEB Bleichert wurden in der SBZ/DDR und ab 1946 in einem neuerrichteten Bleichert-Werk in Köln erneut Elektrofahrzeuge für 1 bis 2 t Nutzlast gefertigt.
Das inzwischen zur PHB Weserhütte Gruppe gehörende westdeutsche Unternehmen ist weiterhin im Bau von Elektro-Plattformwagen und Elektroschleppern der Marke „MAFI-Eidechse" tätig.

Technische Daten der Bleichert-Fahrzeuge

Typ	T	SP	kW	B×H	Hubr.	D	Gew.	Mot.
2500	3	1935					3700	
3500	4,8	1935					4000	
5000	7,3	1935						
Müllw.		1940	2×13				5700	
EL 1800	1,5	1941	2×18				2300	
EL 2002	2,5	1941	2×18				2300	Niederrahmen

Brennabor-Werke Gebr. Reichstein OHG, Brandenburg a. d. Havel, 1928–1930

Kommerzienrat Carl Reichstein (1847–1931) gründete 1871 eine Fabrik für Kinderwagen und später für Fahrräder. 1906 erschien als erstes motorisiertes Fahrzeug die „Brennaborette", ein dreirädriges Modell. Nach dem Ersten Weltkrieg zog das Unternehmen eine umfangreiche Personenwagen-Produktion auf. Moderne Anlagen und Präzisionsmaschinen standen in dem als erste deutsche Firma zur Fließbandfertigung übergegangenen Fahrzeugwerk zur Verfügung. Durch die Fließbandmontage konnten auch erstmals standardisierte Ersatzteile gefertigt werden. Die Automobilabteilung hatte der älteste Sohn, Carl Reichstein jr., übernommen. Die Brüder Adolf und Hermann beteiligten sich als Technischer Direktor bzw. als kaufmännischer Leiter des Unternehmens.
1919 schloß sich das Unternehmen mit seiner 6000 Mann umfassenden Belegschaft dem bis in das Jahr 1926 existierenden GDA-Verkaufskartell an. Dem Werk wurde die Produktion von 1,5-Tonnen-Lastern

zugeteilt. 1929 traten in der einst zweitgrößten deutschen Pkw-Fabrik mit zeitweise über 7500 Mitarbeitern erhebliche finanzielle Schwierigkeiten auf. 1932 wurde die Fertigung für ein halbes Jahr stillgelegt und nur noch für kurze Zeit bis 1933 aufrechterhalten. Übernahmeverhandlungen mit der Firma → Opel, die in Brandenburg ansässig werden wollte, führten zu keinem Ergebnis, wenn auch ein Großteil der Facharbeiter dann zum Brandenburger Opel-Lkw-Werk abwanderte. Kinderwagen und Fahrräder sowie in steigendem Maße Rüstungsgüter wie Flugzeugteile und Lafetten wurden anschließend gefertigt. 1950 wurde das Werk nach restloser Demontage für die Rad- und Kettenschlepper-

55-PS-Brennabor AST 31

fertigung der ehemaligen FAMO-Typen eingerichtet. Seit 1965 ist die Fabrikanlage mit den umfangreichen Klinkerbauten als Getriebewerk Brandenburg in die Getriebefertigung für die DDR-Lastwagen und Schlepper einbezogen.
Nachdem 1912 erste Lieferwagen erschienen waren, konstruierte das Werk erst 1928 zur Auslastung der Fertigungsanlagen Lastwagen und Omnibusse für 1,5 bis 2,15 Tonnen. Größere Verbreitung erzielten die Brennabor-Hotelomnibusse. Die Fahrzeuge waren mit 45-PS-Sechszylindermotoren ausgestattet, die stehende Ventile besaßen. Die Belegschaftsstärke war in diesem Jahr auf 3312 Mann gesunken, die über 5400 Pkws und 1356 Leichtlastwagen herstellten.

Technische Daten der Brennabor-Fahrzeuge

Typ	T	SP	Z	PS	B×H	Hubr.	D	Gew.	Mot.
AST 3	1,5	1928	6	55	77×111	3080	3200	1720	
ASL	1,6	1928	6	55	77×111	3080	3200		
BL	1,5	1928	6	45	70×111	2562	3300	1390	
ASK	2	1928	6	55	77×111	3080	3200	1610	
AST 31	1,5	1930	6	45	77×111	3080	2400		
ATZ	2	1931	6	55		3965			

Heinrich Büssing, Specialfabrik für Motorlastwagen, Motoromnibusse und Motoren, Braunschweig, Elmstraße

1. 1903–1920 **Heinrich Büssing, Specialfabrik für Motorlastwagen, Motoromnibusse und Motoren,** Braunschweig, Elmstraße
2. 1920–1922 **Heinrich Büssing Automobilwerke KG**
3. 1922–1931 **Heinrich Büssing Automobilwerke AG,** Braunschweig, Salzdahlumerstraße
4. 1931–1943 **Büssing-NAG, Vereinigte Nutzkraftwagenwerke AG,** Braunschweig, Heinrich-Büssing-Str. 40
5. 1943–1950 **Büssing-NAG Nutzkraftwagen GmbH**
6. 1950–1960 **Büssing Nutzkraftwagen GmbH**
7. 1960–1971 **Büssing-Automobil-Werke AG**

Die Firma Büssing hatte 1903 die Fertigung von Nutzfahrzeugen aufgenommen und sich mit ihren Qualitätserzeugnissen rasch zu einer der bedeutendsten deutschen Lkw-Fabriken entwickelt. Während des Ersten Weltkrieges fertigte das Unternehmen eine große Anzahl von Militärlastwagen und Spezialfahrzeugen für die Artillerie.
Die erste Nachkriegszeit gestaltete sich im Büssing-Werk äußerst schwierig. Harte Auseinandersetzungen mit der Arbeiterschaft führten zunächst zu einer Stillegung des Unternehmens.
Die Neuproduktion litt anschließend unter der Verwendung von schweren und mangelhaften Ersatzstoffen, die während der Kriegszeit beschafft worden waren und aufgebraucht werden mußten, zumal das Ausland die Einfuhr von hochwertigen Werkstoffen verhinderte. Die Inflation schließlich ließ den Absatz der aufgearbeiteten Heerestypen

60-PS-Büssing V

sowie der Vorkriegsmodelle von 1912 gut angehen, brachte der 1920 wieder auf 1000 Mitarbeiter angewachsenen Fabrik allerdings kaum einen Gewinn ein.
Mit der trotzdem gesunden finanziellen Basis des Unternehmens konnte diese schwierige Zeit glücklicherweise überwunden werden. Hein-

60-PS-Büssing 6 t

rich BÜSSINGS Sohn Max (1877–1934) und dessen Schwager, Dipl.-Ing. Paul WERNERS (1877–1953), seit 1920 Teilhaber, führten das Braunschweiger Unternehmen. Im Jahre 1920 wurde die Büssing OHG in eine Kommanditgesellschaft und 1922 in eine Familien-Aktiengesellschaft umgewandelt. Heinrich Büssing nahm den Vorsitz des Aufsichtsrates ein; Ingenieur Max Büssing und Paul Werners bildeten den Vorstand. Gleichzeitig trat der erst siebenundzwanzigjährige Ingenieur Rudolf

Büssing Sattelzugmaschine

EGGER (1893–1962), der vorher bei Puch und bei der → NAG gearbeitet hatte, in die neue Aktiengesellschaft ein. 1923 übernahm er die kaufmännische Leitung des Büssing-Werkes; 1920 hatte er die Enkelin des Firmengründers geheiratet.

Paul Werners und der Technische Direktor, Oberingenieur Willy STANIEWICZ (1881–1962), unternahmen 1922 eine Studienreise in die USA, um dort die modernen nordamerikanischen Fertigungsmethoden in Großbetrieben der Automobilindustrie kennenzulernen. Nach ihrer Rückkehr strichen sie zunächst das 300 verschiedene Varianten umfassende Lkw- und Omnibus-Programm auf nur noch wenige, rationell zu

80-PS-Büssing VIG Kipper

80-PS-Büssing VIG

fertigende Modelle zusammen. Der Betrieb wurde rationalisiert, die Fließbandarbeit wurde vorbereitet. Für diese Reihenfertigung, die ab 1926 in Gang kam, beschaffte das Unternehmen einen Park modernster Werkzeugmaschinen. Um den vielfältigen Kundenwünschen zu entsprechen und flexibel zu bleiben, wurden jedoch stets nur kleine einheitliche Serien aufgelegt. Durch diese Rationalisierungsmaßnahmen sowie später durch bedeutende technische Innovationen gelang es, das Unternehmen trotz der Nachkriegskrise mit Inflation und Absatz-

60-PS-Büssing V 3–3,5 t

stockung durch die Stabilisierung der Mark sowie durch die Zeit der Weltwirtschaftskrise erfolgreich weiterführen zu können.
Die Fertigungsanlagen wurden ständig erweitert, um genügend Raum für die Montage der in immer größeren Stückzahlen gefertigten Fahrzeuge zu gewinnen. Die monatliche Fertigung stieg z. B. 1927 auf 250 Einheiten im Monat; 2400 Mitarbeiter wurden zu dieser Zeit beschäftigt. 1929 sank jedoch der Jahresausstoß auf 1628 Fahrzeuge bei einem Personalstand von 2135 Mitarbeitern.
1927 erwarb Büssing trotz der äußerst schwierigen allgemeinen Wirtschaftslage die Nutzfahrzeugfabrik der → Mannesmann-Mulag AG. Das Werk wurde stillgelegt, so daß diese (unbedeutende) Konkurrenz ausgeschaltet war. Nächste Erwerbung war 1930 der Kauf der → Komnick AG in Elbing. Dieser Betriebsteil wurde als „Werk Osten“ bezeichnet

Das erste Sechsrad-Lkw-Chassis (hier mit Omnibusaufbau)

42-PS-Büssing III GL

und fertigte bis 1944 Schlepper, Dieselmotoren und Karosserien für die Stadtomnibusse.
Weiter vereinbarte das Unternehmen mit Wirkung vom 1. Januar 1931 auf Druck des Bankiers Josef GOLDSCHMIDT von der Danatbank eine Arbeitsgemeinschaft mit der AEG-Tochter NAG. Die Leitung dieser Fabrikationsgemeinschaft, die nach späterem Ankauf oder Pacht der NAG-Betriebsmittel von Büssing beherrscht wurde, lag in den Händen von Dipl.-Ing. Rudolf Egger, der gemeinsam mit Paul Werners das Unternehmen in der Zeit der Weltwirtschaftskrise erfolgreich führte. Von der NAG trat deren Direktor Siegmund KLECZEWER in die neugegründete Gesellschaft ein.
Das neue Unternehmen, das Werke in Braunschweig, Berlin-Oberschöneweide (von NAG gepachtet), in Leipzig und in Elbing umfaßte, firmierte unter der Bezeichnung Büssing-NAG, Vereinigte Nutzkraftwagenwerke AG, Braunschweig. Sitz des bis 1949 bestehenden Unternehmens war Frankfurt am Main.
Heinrich Büssing, Geheimer Baurat, Dr.-Ing. E. h., Ehrensenator der TH Braunschweig und Ehrenbürger dieser Stadt, starb im Jahre 1929 im Alter von 86 Jahren. Er war schließlich Inhaber von über 90 Patenten auf dem Eisenbahn- und Nutzfahrzeugsektor geworden. Die Elmstraße in Braunschweig war ihm zu Ehren ein Jahr zuvor in Heinrich-Büssing-Straße umbenannt worden.
Mit der Nutzfahrzeugabteilung der italienischen Firma Alfa-Romeo wur-

80-PS-Büssing VI GL

60-PS-Büssing VG

de 1931 ein Lizenzabkommen zum Nachbau der schweren Lastwagen und Omnibusse getroffen.
1933 mußte Dr. Siegmund Kleczewer aus dem Unternehmen ausscheiden. Oberingenieur Willy Staniewicz rückte an seine Stelle.
Eine weitere Erwerbung war 1935 der Kauf der Flugmotorenfabrik Niedersächsische Motorenwerke (Niemo), die weiterhin Flugzeugmotoren herstellte.

80/90-PS-Büssing III GL

Schließlich übernahm das auf über 6500 Mitarbeiter angewachsene Unternehmen 1938 die Lizenzbau-Fabrik A. Fross in Wien-Brigittenau, die seit 1907 bestand und seit dem Ersten Weltkrieg Büssing-Fahrzeuge fertigte.
Während der Kriegszeit baute Büssing einen 4,5-Tonner sowie wiederum verschiedene Spezialfahrzeuge wie Panzerspähwagen und Zugmaschinen für die Wehrmacht. Über 2000 Fremdarbeiter mußten zwangsweise für die Rüstungsproduktion in den Büssing-Werken arbeiten.
1943 wurde die Familien-AG wieder aufgelöst, und die Rechtsform einer GmbH wurde angenommen.
Zehn Luftangriffe und mehrere Artilleriebeschüsse beschädigten das Werk in Braunschweig. Jedoch noch vor der deutschen Kapitulation konnte das Werk mit 300 Arbeitern am 18. April 1945 mit britischer Besat-

110-PS-Büssing VI GL

zungsgenehmigung mit den Aufräumungsarbeiten unter Generaldirektor Rudolf Egger beginnen und erste Lastwagen ab dem 2. Mai 1945 wieder bauen.
Schwergewicht der Büssing-Produktion waren stets Schwerlastfahrzeuge, mittlere Lastwagentypen und Großomnibusse. Die Verbindung mit der NAG brachte vorübergehend ein abgestuftes Programm an leichten und mittleren Fahrzeugen hinzu, die, abgesehen von dem 2,5- und dem Dreitonner, jedoch nur eine geringe Verbreitung gefunden haben.

Nach dem Ende des Ersten Weltkrieges fertigte das Unternehmen zunächst die schon aus der Vorkriegs- und Kriegszeit bekannten Typen:

110-PS-Büssing-NAG 200

den Zweitonner „Expreß", den 2,5-, den Drei- und den Fünftonner. Der Kettenantrieb des Fünftonners wurde 1920 durch einen Kardanantrieb ersetzt. Der Dreitonner erhielt Schubgelenke zum Auffangen der Stöße beim Anfahren und beim Bremsen. Oberingenieur Viktor KASTNER war für die Überarbeitungen der Fahrzeuge verantwortlich.
Die Produktionspalette umfaßte neben Fahrgestellen und Pritschenwa-

80/90-PS-Büssing III GL6

110-PS-Büssing-NAG 80

110-PS-Büssing-NAG 80 (Chassis)

90-PS-Büssing-NAG 50

40-PS-Büssing-NAG 150

60-PS-Büssing-NAG 275

80-PS-Büssing-NAG 401

gen über 300 Aufbauvarianten, die die Fertigung unrationell werden ließen. So bot das Werk u. a. folgende Spezialtypen an: Brauerei-, Viehtransport-, Tank-, Kipp-, Möbel-, Transport-, Leiter-, Geschäfts-, Feuerwehr-, Tropen- und Zugwagen, Langholzzüge, offene und geschlossene Omnibusse, Spezialfahrzeuge für Eisen- und Straßenbahnen wie Oberleitungsmontage- und Störungswagen sowie Spezialfahrzeuge für kommunale Zwecke.

40-PS-Büssing-NAG 20 (Schnellaster)

Großes Aufsehen erregte der 1923 auf der Berliner Automobilausstellung (IAMA) vorgestellte Büssing-Dreiachser VI G 1. Erstmals wurde hiermit in Europa ein dreiachsiger luftbereifter Omnibus geschaffen. Beide Hinterachsen des Hochrahmenfahrzeugs wurden über zwei parallel geführte Kardanwellen unabhängig voneinander angetrieben. Die Hinterachsen waren in Waagebalkenbauweise angebracht. Durch diese Bauart sollte eine ruhige und sichere Straßenlage, eine gleichmäßige Übertragung der Schub- und Bremskräfte, eine ausgeglichene Federung, eine hohe Nutzlast und ein verringerter Reifenverschleiß erzielt werden. Die beiden Hinterachsen mit einfacher Bereifung führten darüber hinaus zu einer besseren Lastverteilung und zur Minderung der

Achsdrücke, wodurch das Fahrzeug seinem Gewicht nach den straßenpolizeilichen Bestimmungen entsprach.
Der Antrieb erfolgte durch einen 55-PS-Vierzylindermotor, im Serienbau durch einen 80-PS-Sechszylinder-Zweiblockmotor. Die Antriebsaggregate waren in einem Hilfsrahmen zum besseren Auffangen der Erschütterungen angebracht. Konstrukteur dieses im Schwerlastwagenbau bahnbrechenden Fahrzeugs war Oberingenieur Willy Staniewicz.
Ein Jahr lang wurde der Omnibus auf einigen tausend Kilometern erprobt, bis die Geschäftsleitung alter Tradition folgend den Serienbau im Jahre 1924 beschloß. An die Reichspost und an private Unternehmer wurde der Dreiachser als Omnibus und später auch als Lastwagen mit dem gleichzeitig eingeführten Markenzeichen „*Burglöwe*" verkauft.
In kurzer Zeit konnte der Büssing-Dreiachser eine große Verbreitung erfahren. Schon 1929 erreichte die Produktionszahl die Marke von 4000 Stück, was 50 Prozent des Weltbestandes bedeutete. Im Deutschen Reich beherrschte Büssing den Markt zu 95 Prozent. Eine weitere Neuerung in der Mitte der zwanziger Jahre war die Konstruktion eines Universalkippers mit 50, später 55 PS. Er war mit zwei Spindelmechanismen zum Heben der Pritsche ausgerüstet, der von einem Nebenantrieb des Getriebes in Bewegung gesetzt werden konnte. 25 km/h erreichte dieser Kipper.
1924 stand erstmals für die Nutzfahrzeuge ein Sechszylindermotor zur Verfügung. (Der 1909 erschienene 90-PS-Sechszylindermotor gelangte nur in Spezialfahrzeugen zum Einbau.) Der 8,5-Liter-Motor mit 65/72 PS wurde aus dem 40-PS-Vierzylindermotor als Zweiblockmotor entwickelt. Mit vergrößerter Bohrung leistete er 80 PS und gelangte wie erwähnt beim Dreiachser zum Einbau.
Unter der seit 1912 üblichen Bezeichnung III G/GL wurden Drei-und 3,5-Tonner mit 40-, 50-und 65/72-PS-Motoren, unter der Bezeichnung V G Vier-, Fünf-, Sieben- und 7,5-Tonner mit 65/72-PS- und 80-PS-Motoren sowie unter der Bezeichnung VI G Sechstonner mit 60-PS-Motoren gebaut. Gegen Ende des Jahrzehnts kamen jedoch auch andere Typenklassen in diese Bezeichnungen, so daß dieses Schema nicht mehr eindeutig Aufschluß über die Lastenklasse gibt.
In der Motorentechnik ging das Unternehmen zum Ricardo-Brennraum ihrer stets mit hängenden Ventilen ausgestatteten Maschinen über. Der 7,8- und der 11,8-Liter-Motor im III GL, im IV Gn, im V G und im VI GL (inzwischen als Typ 80 N bezeichnet) sowie der 9,3-Liter-Motor im Typ III GLn wurden ab 1925 damit versehen. Die aus paarweise oder dreifach gegossenen Zylindergruppen zusammengesetzten Motoren wurden

145-PS-Büssing-NAG 802

120-PS-Büssing-NAG 501

65-PS-Büssing-NAG 250 Burglöwe

45-PS-Büssing-NAG 150

rationell mit drei Kolbengrößen gefertigt. Schrägverzahnte Stirnräder trieben die mit Dämpfungsscheiben versehenen beiden Nockenwellen an. Die Motoren waren ausgesprochene Langsamläufer mit 1000 bis 1200 Umdrehungen pro Minute. Motorleistungen von 50, 60, 65, 70/75, 80/90 und 100/110 PS standen schließlich in der zweiten Hälfte der zwanziger Jahre zur Verfügung. Weitere Details waren Leichtmetall-

145-PS-Büssing-NAG 801

kolben, eine Dekompressionsanlage, eine Motorbremse und eine Luftpumpe für die Ballonreifen.
Die Motoren waren auch in den Zweiachsern nun mit einem Hilfsrahmen eingebaut. Ein patentierter Elementenkühler ermöglichte einen problemlosen Austausch der einzelnen Teile. Eine Bergstütze war dem zeitlichen Standard entsprechend an den Fahrzeugen angebracht. Die Lastwagen und Omnibusse konnten mit Elastik- oder mit Luftbereifung ausgestattet werden, wobei die Luftbereifung dominierte.
In der Motorenbestückung löste 1928 ein 35-PS-Motor den 25-PS-Motor von 1912 im 2,5-Tonner ab. Die Nachfrage nach diesem damals kleinsten Büssing-Modell scheint allerdings recht gering gewesen zu sein. Erstmalig mit einem 110-PS-Dieselmotor mit 12,5 Litern Hubraum wurde 1931 der 9,5-Tonner vom Typ 80 versehen. Der Sechszylindermotor war aus einem Vergasermodell in Zusammenarbeit mit der Motorenfabrik Körting AG in Hannover-Linden entwickelt worden und arbeitete nach

110/120-PS-Büssing-NAG 502

dem Vorkammerprinzip mit einem Schußkanal; die Vorkammer war bei dieser Bauart direkt über dem Zylinderkopf angebracht.
Nachdem das Unternehmen im gleichen Jahr eine Fertigungs- und Vertriebsgemeinschaft mit der NAG eingegangen war, erschienen die in Leipzig und in Berlin gebauten 2,3-, 2,5- und 3,5-Tonner im Büssing-NAG-Programm. Der eigene 2,5-Tonner wurde dafür aufgegeben. Mit einem 90-PS-Dieselmotor wurden nun auch die 5,5- und 6/7-Tonnen-Typen ausgestattet. Gleichzeitig konnte der ebenfalls auf 110 PS gesteigerte 11,8-Liter-Vergasermotor eingesetzt werden.
Schließlich ist für diese Bauzeit noch die Herstellung eines Allrad-Fahrzeugs vom Typ G 31 mit zweistufigem Verteilergetriebe und mit einem 65-PS-Vergasermotor zu erwähnen, das in 2300 Exemplaren an die

Reichswehr geliefert wurde. Die beiden Hinterachsen des 1,5-Tonners waren zwillingsbereift. Ein weiteres Modell, der ebenfalls zwillingsbereifte 3 GL 6 erhielt den 90-PS-Motor. Hiervon wurden aber nur 300 Stück für das Militär gefertigt.
Das Typenbezeichnungsschema änderte sich zu Beginn der dreißiger Jahre. Es bestand nun aus zwei Ziffern, die unter Weglassung von zwei Nullen die Tonnage in Kilogramm angaben.
Im Jahre 1932 erschienen die Fahrzeuge unter dem Schriftzug „Büssing-NAG“ mit nun einem dreistelligen System, wobei die Kilogrammangabe diesmal ohne die letzte Null angegeben wurde.
Die kleinen Modelle, darunter auch der 1,5-Tonner aus dem ehemaligen Dux-Programm, das die NAG eingebracht hatte, erhielten weiterhin einen langsamlaufenden 40-PS-Vergasermotor der NAG. Ein schnelllaufender Sechszylinder-Vergasermotor mit 70 PS kam in den 2,75- und in den Dreitonner.
Ein neuer 90-PS-Dieselmotor konnte in den 5,5- und in den 6/7-Tonner eingebaut werden. Schließlich ist hier zu erwähnen, daß in den aus dem NAG-Programm übernommenen 3,5-Tonner noch für einige Jahre je nach Wunsch des Käufers ein gedrosselter Maybach-Motor oder ein eigener Dieselmotor eingesetzt werden konnte.
1933 erneuerte Büssing das Programm. Das neue Kühlergesicht mit den sich nach unten verjüngenden Zierleisten entwarf der Ingenieur und Kunstmaler Ernst NEUMANN-NEANDER. Eine umfangreiche Palette an Fahrzeugen mit 1,5, 2, 2,5, 2,75, 3, 3,5, 4, 5/6,5 und 8 Tonnen stand nun für die Mitte der dreißiger Jahre zur Verfügung. Wahlweise konnten Diesel- oder Vergasermotoren eingebaut werden. Der alte Sechszylinder-Dieselmotor war inzwischen auf 120 bzw. auf 145 PS gesteigert worden. In der starken Version kam dieser Motor in das erstmals für den zivilen Markt angebotene 6,5-Tonnen-Allradfahrzeug vom Typ 500-502 sowie in den Achttonner 803.
In wenigen Exemplaren versah das Werk den Dreitonner mit einem V-Acht-Vergasermotor mit 100 PS Leistung aus dem NAG-Motorenprogramm. In der Reisebusversion beschleunigte er das Fahrzeug auf die damals beachtliche Geschwindigkeit von 100 km/h.
Der Dreiachser 801, eine Weiterentwicklung des 80N, erhielt neukonstruierte, nach links und nach rechts versetzte Differentiale für die zwei Kardanwellen, um so die Wagenhöhe zu verringern und einen guten Kräfteausgleich zu erzielen. Der Waagebalken wurde mit zusätzlichen Abwälzfedern versehen.
Den Motorenbau rationalisierte das Unternehmen durch das Baukastensystem. Haupttyp war dabei die 110×130-mm-Maschine, die bis

95/110-PS-Büssing-NAG 500

in die Kriegszeit in drei-, vier-, fünf- und sechszylindriger Ausführung und danach nur noch in sechszylindriger Version gebaut wurde.
1933 versah Büssing den 1,5-, den Zwei- und den 2,5-Tonner mit dem 40/45-PS-Dreizylinder-Dieselmotor. Der 2,5- und der 2,75-Tonner „Burglöwe" sowie der Dreitonner erhielten neben Vergasermotoren auch den auf vier Zylinder vergrößerten Dieselmotor. Sechszylindermotoren der gleichen Baureihe mit 90 PS trieben den 5,5- und den Viertonner an.
Ein neuer Sechszylinder-Dieselmotor mit 13,5 Litern Hubraum erschien 1935. Die Maschine leistete 145 PS und wurde in den Dreiachser 802/802N eingebaut. Gleichzeitig rüstete Büssing diesen Motor für den Holzgasbetrieb um.
Auch mit einem V-8-Vergaser- oder mit einem V-12-Treibgasmotor wurde der Achttonner versehen. Diese beiden Motoren hatten Hubräume von 8 und von 12 Litern.
Eine weitere Pioniertätigkeit der Büssing-Werke war die Entwicklung eines 6,5-Tonners mit Allradantrieb, der an die Wehrmacht und an zivile Abnehmer geliefert wurde. Ein 140 PS starker Sechszylinder-Diesel-

80-PS-Büssing-NAG 400 (W)

75/80-PS-Büssing-NAG mit Wisco-Generator

motor kam zum Einbau. Für zivile Besitzer war das Fahrzeug steuerbegünstigt.
Ein neuer Vierzylinder-Kleindieselmotor mit 52, später 58 PS löste 1937 den Dreizylindermotor aus der erwähnten Motorenbaureihe ab. Der mit dem auf 65 PS gesteigerten Dieselmotor versehene Dreitonner wurde auch als steuerbegünstigtes Fahrzeug eingestuft.
Mit dem Fünfzylindermotor aus der zweiten Motorenfamilie wurden nun ebenfalls der Dreitonner und der Viertonner versehen.
Schon 1936 steigerte Büssing die Leistung des Sechszylinder-Dieselmotors mit 13,5 Litern Hubraum für den 8/9-Tonner 900/900N auf 180 PS. Der Vergasermotor mit gleichen Maßen leistete jetzt 150 PS.
1938 wurden letztmalig 75/80-PS-Vergasermotoren von NAG in den „Burglöwen 30" eingebaut.
Ebenfalls in diesem Jahr nahm Büssing den Bau des „Einheitsdiesels" mit dem 80-PS-MAN-Motor auf. Mit 3200 Stück produzierte das Werk bis 1940 den größten Teil dieser 2,5-Tonner für die Wehrmacht. Gleichzeitig lief der Bau von Panzerspähwagen und anderen Spezialfahrzeugen für das Militär an. Neben eigenen Motoren, darunter dem V-8-Ver-

95-PS-Büssing-NAG 500 (Chassis)

105-PS-Büssing-NAG 454

gasermotor, wurden Maybach- und später auch Zwölfzylindermotoren von Tatra verwendet. Die Produktion von Lastwagen und Omnibussen wurde dadurch stark gedrosselt.
Das Schell-Programm wies 1939 dem Büssing-Werk den Bau eines 4,5- und eines 6,5-Tonners zu.
Zunächst versuchte das Werk, mit dem Allrad- oder Hinterradantriebs-Fünftonner 500A oder 500S dieser Verfügung zu entsprechen. Das Fahrzeug wurde mit dem auf 105 PS gesteigerten 7,4-Liter-Motor der zweiten Motorenfamilie an die Wehrmacht und steuerbegünstigt an zivile Halter geliefert. Bei diesem Modell war der ursprüngliche 95-PS-Motor durch eine Verbesserung der Vernebelung des Brennstoffs mit dem Wirbelkammersystem auf 105 PS angehoben worden. Drei Mulden im Kolbenboden, die passend zu den drei Kraftstoffstrahlen eingerichtet waren, bewirkten diese Leistungssteigerung. Konstrukteur des Motors war Dr.-Ing. Franz ZAHREN, der zu dieser Zeit Leiter der Motorenabteilung war.
Der 13,5-Liter-Motor wurde aufgebohrt und hatte jetzt einen Hubraum von 14,6 Litern. Die Leistung betrug nun 160/175 PS. Hinzuweisen ist hier darauf, daß 1940 der Motorenbau für die Nutzfahrzeuge fast vollständig auf die 7,4-Liter-Dieselmaschine konzentriert wurde. Der Bau von Vergasermotoren wurde, abgesehen von dem V-8-Motor, eingestellt.

Mit Ausweitung des Krieges wurde das Nutzfahrzeugprogramm auf die Produktion der 4,5-Tonner 4500S und 4500A reduziert. Das Fahrzeug wurde 1941 wieder mit dem bewährten, nach dem Vorkammerprinzip arbeitenden Motor ausgestattet, der inzwischen auf 105/107 PS gesteigert worden war. Bis Kriegsende wurden die Fünf- und die immer spärlicher ausgestatteten 4,5-Tonner in fast 15000 Exemplaren gefertigt. Zum Bau eines 6,5-Tonners, wie ihn das Schell-Programm forderte, ist es nicht mehr gekommen.
Abschließend ist noch zusammenzufassen, daß in größeren Stückzahlen in den dreißiger Jahren nur die Typen „Burglöwe 25", „Burglöwe 30" mit Vergaser- und Dieselmotoren, der Typ 650, die Fünftonner sowie die Dreiachser als Lkw und als Omnibus und während der Kriegszeit die Typen 500S/A und 4500S/A gefertigt wurden.

105-PS-Büssing-NAG 4500A

Technische Daten der Büssing-Fahrzeuge

Typ	T	SP	Z	PS	B×H	Hubr.	D	Gew.	Mot.
II	2,5	1912	4	25	100×130	4082	850	2300	
III/IV	4	1912	4	35	115×140	5813	850	2800	
V	5	1912	4	40	130×130	6898	850	5800	
VI G 1	6	1923	4	55	125×160	7850	850		Dreiachser
III G	3,5	1924	4	38/40	110×150	5699	850		
III GL	3	1924	4	50	125×160	7850	850		
V	5	1924	4	60	138×170	10165	850		
III GL	3,5	1924	6	65/72	110×150	8548	1000	4000	
VG	5/7	1924	6	65/72	110×150	8548	1000	7000	
VI G 1 Burglöwe	7,5	1924	6	65/72	110×150	8548	1000		Dreiachser
VI G 1	7,5	1924	6	80	115×150	9343	1000	7500	dto.
III GL	3,5	1925	4	42	115×150	6228	1000		
V	5	1925	4	55	125×160	7850	850		
V		1925	6	80	125×160	11775	1000		
IV Gn	6	1925	6	60	125×160	11775	850	7000	
III GLn	5	1926	4	50	125×160	7850	850	3400	
III GLn	4	1926	6	65	110×150	8548	850	4000	
III GLn	3	1926	4	60	115×150	9343	850	3400	
V G	5	1926	4	60	125×160	7850	1000	4600	
VI GL	6/7	1926	4	80	125×160	7850	1200		Dreiachser
VI GL	6/7	1926	6	100	125×160	11775	1000		dto.
VI G	6/7	1927	6	110	125×160	11775	1200		
IV Gn		1928	4	75	125×160	7850	1000		
	2,5	1928	4	35	108×130	4761	900		
III GL 6	2,5	1928	6	80/90	115×150	9350	1000	6200	Gelände
III GL	3,5	1930	6	80	115×150	9350	1000	4250	
V G	5	1930	6	90	115×150	9350	1200	5500	
VI GL	7,5	1930	6	110	125×160	11780	1200	6780	
G 31	1,5	1931	4	65	100×125	3922	2000		Gelände
3 GL 6	3	1931	6	90	115×150	9348	1200		dto.
15 (401)	1,5	1931	4	48	90×125	3179	2000	1930	NAG
25 (506)	2,5	1931	4	65	100×125	3922	2000	2510	NAG
25 (511/516)	3,5	1931	6	65	84×120	3988	2400	2790	NAG
30	4	1931	6	80	84×120	3988	2600	3350	NAG
80	9,5	1931	6	110	125×170	12500	1300		D, Dreiachser
40 N	5,5	1931	6	90	115×150	9350	1200	4200	D
50	6/7	1931	6	90	115×150	9350	1200	6650	D
80	9,5	1931	6	110	125×160	11780	1200	6650	Dreiachser

Technische Daten der Büssing-Fahrzeuge

Typ	T	SP	Z	PS	B×H	Hubr.	D	Gew.	Mot.
150	1,5	1932	4	40	90×125	3179	1700	2250	NAG
200	2	1932	4	40	90×125	3179	1700	2260	NAG
250	2,5	1932	4	40	90×125	3179	1700	2400	NAG
275	2,75	1932	6	70	84×120	3988	2500	2875	NAG
300	3	1932	6	70	84×120	3988	2500		NAG
300	3	1932	4	62	110×130	4939	2200		D
350	3,5	1932	6	75	94×168	6995	1200		Maybach
150	1,5	1933	3	40	110×130	3704	2000	2250	D
200	2	1933	3	40	110×130	3704	2000	2710	D
250	2,5	1933	3	40	110×130	3704	2000	2800	D
250	2,5	1933	4	60	110×130	4939	2000		D
275	2,75	1933	4	60	110×130	4939	2000	3800	D
300	3	1933	4	60	110×130	4939	2000	3800	D
350	3,5	1933	6	90	110×130	7408	2200	3950	D
350	3,5	1933	V8	100	84×120	7976	2500		
350	3,5	1933	6	70/80	94×168	6995	1600		Maybach
400	4	1933	6	90	110×130	7400	2000	4000	D
500–502	6,5	1933	6	120	125×170	12517	1150	6350	D, Allrad
501	6,5	1933	6	85	115×150	9343	900		
502	6,5	1933	6	90	110×130	7400	2000		D
801	8,5	1933	6	105	125×160	11780	1200		Dreiachser
801	8,5	1933	6	110	125×170	12517	1100	7950	D, Dreiachser
802	8,5	1933	6	145	125×170	12517	1400	8050	dto.
130 (150)	1,5	1935	3	45	110×130	3706	1700	2250	D
130	1,5	1935	4	45	90×125	3180	2000		
200	2	1935	3	45	110×130	3706	1700	2490	D
200	2	1935	4	45	90×125	3180	2000	2500	
250 Burglöwe	2,5	1935	4	65	110×130	4942	2000	2510	D
dto.	2,5	1935	4	60	98×130	3922			
275 Burglöwe	2,75	1935	4	65	110×130	4942	2000	3100	D
dto.	2,75	1935	4	70	84×120	3990	2550	3000	
300	3	1935	4	65	110×130	4942	2000	3320	D
dto.	3	1935	4	70	84×120	3990	2550	3170	
dto.	3	1935	5	75	110×130	6174	2000		D
350	3,5	1935	6	90	110×130	7412	2000	3200	D
dto.	3,5	1935	V8	90	107×110	7914	1800	3200	
		1935	4	75	125×170	8340	1500		

Technische Daten der Büssing-Fahrzeuge

Typ	T	SP	Z	PS	B×H	Hubr.	D	Gew.	Mot.
		1935	4	85	130×170	9026	1500		
502	6,5	1935	6	120	125×170	12157	1500	5500	D
801		1935	6	145	130×170	13539	1600	6000	D, auch Generator
802/802 N	8	1935	6	145	130×170	13539	1600	6500	D
G 31	1,5	1935	4	65	98×130	3922	2700		
G 31 K	3,5	1935	V8	150	107×110	7914	3000		
		1935	V 12		107×110	11871			Treibgas
Einheits-diesel	2,5	1935	6	80	105×120	6234	2400	5000	D, MAN
Burglöwe	2,5	1936	4	52	92×125	3322	1800		D
305 T	3	1936	5	80	110×130	6177	2000	4500	D
375 T	3,75	1936	6	95	110×130	7142	2000	4800	D
654	6,5	1936	6	140	130×170	13539	1500	9200	D, Allrad
650	6,5	1936	6	135/180	130×170	13539	2000	7150	D
900 T		1936	6	145	130×170	13539	1500	9200	D
900/900 N		1936	6	180	130×170	13539	2000		D, Dreiachser
400 T	4	1937	6	95	110×130	7412	2000	5000	D
250 Burglöwe	2,5	1937	4	65	92×125	3322	2600	3000	D
dto.	2,5	1937	4	65	98×130	3922	2700		
275	2,75	1937	4	65	110×130	4939			D
300 Burglöwe	3	1937	6	75/80	84×120	3962	3000		NAG
dto.	3	1937	4	65	110×130	4939	2000	3000	D
400	4	1937	5	80	110×130	6172	1800	5000	D
500	5	1937	6	95	110×130	7412	2000		D, ab 1939 100 PS
650	6,5	1937	6	135/145	130×170	13539	1500	9200	D, auch Allrad, steuerbeg.
25 D Burglöwe	2,5	1938	4	58	92×125	3322	2600		D
30 Burglöwe	3	1938	6	75/80	84×120	3962	2700		NAG
KLR	3	1938	V8	150	107×110	7913	2800		
500 S/A	5	1939	6	95	110×130	7412	2000	5500	D
500 T	5	1939	6	95	110×130	7412	2000	7430	D

Technische Daten der Büssing-Fahrzeuge

Typ	T	SP	Z	PS	B×H	Hubr.	D	Gew.	Mot.
900	8,5	1939	6	160/170	135×170	14592			D
500 S/A	5	1940	6	105	110×130	7412	1800	5350	D, Wirbelkammer
700	7	1940	6	130	130×170	13539	1500		D
454 LD 6	4,5	1940	6	105	110×130	7412	2000		D, Allrad
4500 S/A	4,5	1941	6	105	110×130	7412	2000	5900	D

Höchster Maschinen- und Armaturenfabrik, vorm. H. Breuer u. Cie., Frankfurt a. Main-Höchst, Kurmainzer Str. 2, 1938

Die Motorenfabrik Breuer stellte 1938 ein 1,5-Tonnen-Fahrgestell als Prototyp her. Ein eigener 50-PS-Dieselmotor, der nach dem Oberhänsli-Vorkammer-Prinzip arbeitete, kam zum Einbau. Eine Serienfertigung wurde jedoch nicht aufgenommen.
In den siebziger Jahren wurde die Motoren- und Lokomotorenfertigung eingestellt, als die Firma Buderus das Unternehmen erwarb.

Technische Daten des Breuer-Fahrzeugs

Typ	T	SP	Z	PS	B×H	Hubr.	D	Gew.	Mot.
Breuer	2	1938	4	50	75×125	2208	2800		D

D

Daimler-Benz AG, Stuttgart-Untertürkheim

1. 1896–1900 **Gottlieb-Daimler-Fabrik,** Stgt.-Bad Cannstatt
2. 1900–1926 **Daimler-Motoren-Gesellschaft (DMG),** Stgt.-Bad Cannstatt, ab 1904 Stuttgart-Untertürkheim
3. 1926–heute **Daimler-Benz AG**

Die Daimler-Motoren-Gesellschaft, neben der → Benz u. Cie. AG die älteste Automobilfabrik der Welt, nahm 1896 die Fertigung von Nutzfahrzeugen auf. Das zunächst in Bad Cannstatt ansässige Unternehmen wurde 1903/04 nach einem verheerenden Brand nach Untertürkheim verlegt.

1902 wurde die 1898 gegründete Motor-Fahrzeug- und Motorenfabrik Berlin-Marienfelde eingegliedert und zum Lkw- und Omnibuswerk der Daimler-Motoren-Gesellschaft eingerichtet.

Im Jahre 1922 verlegte die DMG ihren Sitz nach Berlin. Hausbank der DMG war die Württembergische Vereinsbank, die von der Deutschen Bank kontrolliert wurde. Gleichzeitig war die Deutsche Bank an der Rheinischen Creditbank beteiligt, die wiederum die Hausbank der Automobilfabrik Benz u. Cie. AG in Mannheim war.

Nachdem schon seit 1919 Gespräche des DMG-Vorstands mit dem Vorstand der Benz u. Cie. AG stattgefunden hatten und ein gemeinsamer Vorstand sowie ein gemeinsamer Aufsichtsrat gegründet worden waren, wurde 1924 als erste Maßnahme eine Typenaufteilung auch im Nutzfahrzeugbereich getroffen. Benz war für die Fahrzeuge bis 3,5, die DMG für die Fahrzeuge mit vier und fünf Tonnen zuständig. Auf Vorschlag der Benz-Hausbank wurde die Interessenverschmelzung ab 1924 weiter vorangetrieben. Ursachen waren hierzu die bedrückende Wirtschaftslage und der ungeliebte Einfluß des Mehrheitsaktionärs Jakob SCHAPIRO.

Schließlich drangen im Jahre 1926 die Vorstände, Bankdirektor Karl JAHR von der Rheinischen Creditbank und Dipl.-Ing. Friedrich NALLINGER (1863-1937) von den Benz-Werken sowie Direktor Dipl.-Ing. Carl SCHIPPERT (1874–1958) von der DMG und der Vorstand der Deutschen Bank, Direktor Emil Georg VON STAUSS, auf den Zusammenschluß beider Unternehmen. Am 1. Juli 1926 wurde die Fusion zur Daimler-Benz AG vollzogen, wobei die DMG die aufnehmende Gesellschaft war.

Erster Aufsichtsratsvorsitzender war Direktor v. Stauß. Erster Vorstands-

35-PS-DMG DC3

45-PS-DMG DR 4–5d

45-PS-DMG DR 4–5d (W)

vorsitzender war Finanzdirektor Wilhelm KISSEL (1885–1942), der von den Benz-Werken kam. Den Sitz des Unternehmens ließ die Daimler-Benz AG in Berlin eintragen, wenn auch die Zentralverwaltung in Untertürkheim blieb. Mit der Fusion beider Unternehmen wurden die Werke in bezug auf ihre Fabrikationszuständigkeit neu gegliedert.
Das Werk in Sindelfingen, das während des Ersten Weltkrieges aufgebaut worden war, wurde für den Pkw- und für den Omnibus-Karosseriebau vorgesehen. Die Lastwagen und die Omnibus-Fahrgestelle wurden in Gaggenau hergestellt. In Mannheim sollten Teile und Baugruppen gefertigt werden. Das Berliner Werk verlor die Fahrzeugfertigung und sollte mit auf nur noch 300 Mann reduzierter Belegschaft als Reparaturwerk dienen. Bis 1928 wurden jedoch noch einige Spezialfahrzeuge gefertigt, 1928 allerdings gerade noch 18 Stück.
Die Flugzeugfertigung in Sindelfingen wurde an Hanns KLEMM abgegeben, der früher die Miele-Automobile konstruiert hatte und nun diesen Werkteil als Klemm-Leichtflugzeugbau weiterführte.

50-PS-DMG DR 4–5d (Kiesling-Aufbau)

50-PS-DMG DR 4–5d (Kommunalaufbau)

70-PS-Daimler-Benz NJ5

Im Jahre 1929 gelang es der Deutschen Bank und der Dresdner Bank, Jakob Schapiro, den ehemaligen Großaktionär der Benz-Werke, auf Initiative von Direktor Wilhelm Kissel aufgrund seiner waghalsigen Wechselgeschäfte auszubooten. In dem Bankenkonsortium waren als weitere Großaktionäre die Diskonto-Gesellschaft und die Darmstädter und Nationalbank (Danat-Bank) vertreten.
Interessant ist auch die Verflechtung mit den Bayerischen Motoren-Werken. Der dortige Großaktionär, Kommerzienrat Camillo CASTIGLIONE sowie der Generaldirektor Franz POPP waren durch ihre Aktienanteile bei der Daimler-Benz AG vertreten. Eine Folge dieser Vertretung war, daß eine Reihe BMW-Automobile Sindelfinger Karosserien erhielten.
Einen weiteren Zugriff des Bankiers Jakob Schapiro von der Danat-Bank konnte Wilhelm Kissel in der Zeit von 1929/30 abwehren. Schapiros Absicht war es, einen großen deutschen Automobilkonzern mit den schon von ihm kontrollierten Marken → Büssing-NAG, Adler und Hansa-Lloyd zu gründen.
Die Wirtschaftskrise gegen Ende der zwanziger Jahre traf auch das stark exportabhängige Daimler-Benz-Unternehmen hart, nachdem schon durch den Krieg die wichtigen Absatzmärkte in England und in Rußland ausgefallen waren. Die Belegschaft in den Daimler-Benz-Werken sank von 14 000 Mitarbeitern im Jahre 1929 auf nur noch 8850 Mann im Jahre 1932. Die Lkw-Produktion verringerte sich in den gleichen Jahren von 3813 auf 1595 Einheiten.

Im Jahre 1930 wurde die Nutzfahrzeugfertigung nach dem katastrophalen Rückgang im Gaggenauer Werk schließlich zusammengefaßt. Die 1919 von der Benz u. Cie. AG gegründete Benz-Sendling Motorpflug GmbH wurde im gleichen Jahr aufgelöst. Ebenso lief die Fertigung der einzylindrigen Daimler-Benz-Dieselschlepper in dieser Zeit aufgrund der mangelhaften Nachfrage aus.
Im Zug der nationalsozialistischen Förderung der Verkehrseinrichtungen durch Großaufträge, Steuernachlässe und durch den wirtschaftlichen Aufschwung konnte das Werk wie die anderen nach den Krisenjahren übriggebliebenen Automobilfirmen wieder gut ausgelastet werden.
1934 wurde das Marienfelder Stammwerk für die Fahrzeugfertigung reaktiviert. Sonder- und Sechsrad-Geländefahrzeuge für die Reichswehr sowie Feuerwehren wurden in dem traditionsreichen Betrieb wieder hergestellt.
Auch die Untertürkheimer und Mannheimer Werke übernahmen einen Teil der Omnibusfertigung. Eine Fertigung von Daimler-Lastwagen wurde in dieser Zeit in Schanghai/China mit einer deutsch-chinesischen Gesellschaft aufgebaut. Schließlich ist in diesem Zusammenhang zu erwähnen, daß die Daimler-Benz AG südlich von Berlin das Werk Genshagen mit damals modernster Technik für die Flugmotorenfertigung

55-PS-Lieferwagen DC 4d

70-PS-Daimler-Benz L5

einrichtete. Nach dem Krieg wurde das demontierte Werk in den sechziger Jahren Standort des DDR-Lkw-Werkes Ludwigsfelde. Ein weiteres Werk wurde 1938 in Königsberg für die Panzerfertigung aufgebaut. Aus Kapazitätsgründen mußte der Leichtlastwagenbau 1937 wieder in das Mannheimer Werk verlegt werden.

55-PS-DMG DR 4–5d

Aufsichtsratsvorsitzender war von 1926 bis 1942 Direktor Wilhelm Kissel, der 1942 angeblich aus Gram über den erzwungenen Lizenzbau des erfolgreichen Opel-Dreitonners anstelle des gleichen Daimler-Benz-Modells gestorben ist. Nachfolger wurde Direktor Jakob WERLIN (1866–1965), der von 1933 bis 1942 als Nationalsozialist im Vorstand vertreten war und bis 1945 die Geschicke des Daimler-Benz-Unternehmens leite-

70-PS-Daimler-Benz L5 Rohöler

te. Gleichzeitig war er bei der Entwicklung des Volkswagen-Projektes beteiligt und wurde nach der Ablösung von Generalmajor v. Schell Generalbevollmächtigter für das Straßenwesen.
Im Jahre 1940 wurden die Daimler-Benz-Werke auf die Kriegsproduktion umgestellt. Personen- und Lastwagen, Flugzeugmotoren und Panzer sowie schwere Halbketten-Zugmaschinen fertigte das Unternehmen für die Wehrmacht. Tausende von Zwangsarbeitern mußten in den einzelnen Werken arbeiten. Gegen Ende des Krieges wurden einzelne Teile der Werke in Ausweichbetriebe, in Stollen und in Eisenbahntunnels verlagert.
Nach dem Krieg verzeichnete das Sindelfinger Werk Gebäudeschäden zu 80 und Maschinenschäden zu 52 Prozent. Das Werk in Berlin war durch die pausenlosen Luftangriffe völlig zerstört. Das Gaggenauer Lkw-Werk war zu 80 Prozent beschädigt worden. Allein das Mannhei-

70-PS-Daimler-Benz L5 (W)

50-PS-Lieferwagen L1

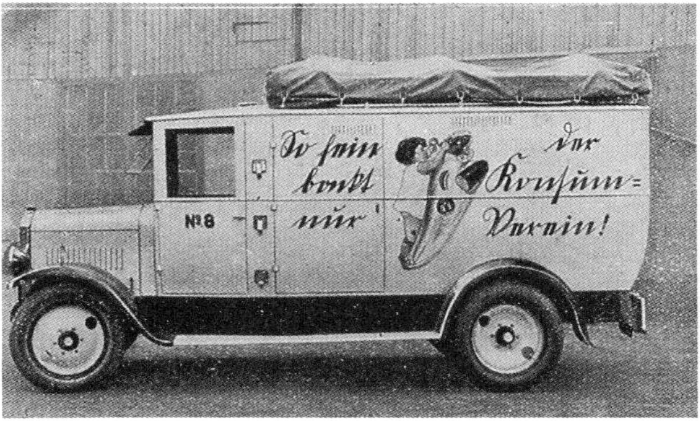

mer und das Untertürkheimer Werk verzeichneten nur Verluste von 20 Prozent.

Die Daimler-Motoren-Gesellschaft bot nach dem Krieg wieder ein vollständig abgestuftes Programm an. Kleinstes Modell war der 1,5-Tonner UO 1T. Es folgten die DC 2 als Zweitonner, die ehemaligen Kriegstypen DC 3 und DR 4–5d. Der 4/5-Tonner war als Schwerlastwagen mit einem Ritzelantrieb und einem 45-PS-Motor ausgestattet. 1922 erhielt der überarbeitete 3/4-Tonner einen 50–PS-Motor mit hängenden Ein- und stehenden Auslaßventilen.
Nachdem das grundlegende Diesel-Patent von 1892 im Jahre 1907 erloschen war, bemühten sich auch die DMG-Ingenieure im Berliner

70-PS-Daimler-Benz Rohöler

Werk seit 1911 mit dem Bau von Diesel-Bootsmotoren und intensiv ab 1918 um die Entwicklung eines schnellaufenden Fahrzeugdieselmotors. Federführend war Dipl.-Ing. Alfred Reinsch, der 1923 einen 40-PS-Vierzylindermotor zur Betriebsreife entwickelte. Der Motor arbeitete nach dem Prinzip der Druckluft-Einblasung, das heute als Vorläuferverfahren der Direkteinspritzung angesehen wird. Aufgrund der mechanischen Druckluft-Einblaspumpe war das Verfahren jedoch äußerst kompliziert und aufwendig.
Das erste Versuchsfahrzeug wurde in der Umgebung von Berlin und anschließend auf einer „Langstreckenfahrt" nach Stuttgart und zurück erprobt. Auf der Berliner Automobilausstellung von 1923 wurde dieser Typ als Kipper, Pritschenwagen und als Omnibus vorgeführt.

100-PS-Daimler-Benz L5000

Aufgrund des Interessenvertrages mit der Benz u. Cie. AG überarbeitete die DMG die schweren Typen, die nach dem Vertrag nur noch gebaut werden sollten. Der DC 4D erhielt weiterhin einen Ritzelantrieb. Der DR 4–5a wurde mit einer 50 oder 55 PS starken Maschine mit hängenden Ein- und stehenden Auslaßventilen ausgestattet. Beide Lastwagen wurden auch als Kipper mit einem Schneckenantrieb ausgeliefert, ebenso in Niederrahmen-Bauweise.

100-PS-Daimler-Benz L2/L4000

Erstmals erhielt der 4/5-Tonner im Jahre 1925 eine Druckluft-Vierradbremse. Die Differentialbrücke und der Ritzelantrieb wurden nun gekapselt. Dem Ritzelantrieb war ein 5. Gang als „Spargang" vorgeschaltet. Um die Laufeigenschaften zu verbessern, konnte dieser schwere Typ auch mit vorderer Luft- und hinterer Elastikbereifung versehen werden.
Die Kardanantriebswagen wurden teilweise mit einem Stirnradantrieb ausgerüstet, um die Tragachse zu entlasten.
An der Großen Russischen Prüfungsfahrt nahmen mehrere DMG-Fahrzeuge erfolgreich teil.
Bis zur Bildung der Daimler-Benz AG im Jahre 1926 stellte das Werk ab 1918 3633 Fahrzeuge her.
Im Zuge der Fusion mit der Benz u. Cie. AG wurde das Druckluft-Einblasverfahren im Dieselmotorenbau wieder aufgegeben, und die Dieselmotoren der Daimler-Benz AG erhielten das von Benz entwickelte, einfachere, zuverlässigere und sparsamere Vorkammer-Verfahren. Eine mechanisch-hydraulische Einspritzanlage wurde ab 1927 von der Robert Bosch GmbH bezogen. Die Weiterentwicklung der Dieselmotoren übernahm das Untertürkheimer Werk.
Die Dieselmotoren bekamen die Typenbezeichnung „OM" für Ölmotoren. So wurde dann der erste im größeren Maßstab gebaute Daimler-Benz-Sechszylindermotor als Typ OM5 bezeichnet.
Der Motor war aus einem Benz-Vierzylinder-Vergasermotor mit gleichen Maßen entwickelt worden. Er lieferte 70 PS bei 1300 Umdrehun-

45-PS-Daimler-Benz L5000 (D) (W)

70-PS-Daimler-Benz N56

gen. Daimler-Benz war hier von der Überlegung ausgegangen, daß nur ein sechszylindriger Motor aufgrund seiner besseren Laufkultur eine Chance habe, sich gegenüber dem Vergasermotor durchzusetzen, zumal alle namhaften Fahrzeughersteller zum Sechszylindermotorenbau übergegangen waren. Konstrukteure dieses Motors waren Chefkonstrukteur Hans NIBEL (1880–1934) und Baurat Friedrich NALLINGER mit Ingenieuren im Untertürkheimer Werk.
Mit der Verschmelzung beider Unternehmen erhielten die Fahrzeuge die Typenbezeichnungen „L" für Lastwagen, "O" für Omnibusse und „N" für Niederrahmenfahrzeuge sowie die entsprechende Zahl für die Tonnage.

110-PS-Daimler-Benz L8500

Kleinstes Modell des zusammengefaßten Programms war der L1 für maximal 1,5 Tonnen. Ein 45-PS-Motor, eine Dreigang-Mittelschaltung, seitlich stehende Ventile, Batteriezündung und eine leichte Hinterachse waren Details dieses Fahrzeugtyps.
Es folgten der L2 für 2,5 Tonnen mit einem 55-PS-Motor und der L5 für 5 Tonnen. Dieses Modell besaß den auf 70/80 PS gesteigerten ehemaligen Benz-Motor, der über einen Stirnradantrieb die Hinterachse in Bewegung setzte.
Zur Erzielung einer größeren Laufruhe erhielten mit Überarbeitung der Karosserien 1927 der L1 und der L2 Sechszylindermotoren mit 50 und 70 PS, so daß sie als Schnellastwagen eingesetzt werden konnten. 1928

55-PS-Daimler-Benz Lo2000

folgten die L5-und die N5-Typen mit einem großen 100-PS-Sechszylindermotor. Die Modelle besaßen eine Vierradbremse und bei Ausstattung mit Luftreifen eine mechanisch angetriebene Luftpumpe. Zuvor waren auf Kundenwunsch vereinzelt auch Maybach-Sechszylindermotoren eingebaut worden. Mit dem erwähnten Dieselmotor wurde das Fahrzeug weiterhin angeboten, fand jedoch keine Käufer.
Neben den L-Typen erschienen die Niederrahmen-Fahrzeuge N1, N2 und N15 für 16, 26 und 30/60 Personen. Luftreifen kamen zum Einbau; der N15 konnte allerdings auch weiterhin mit Elastikreifen versehen werden.
Die Feuerwehrfahrzeuge wurden zum kleinen Teil mit Magirus-, zum größeren Teil aber mit Metz-Aufbauten versehen.

65-PS-Daimler-Benz Lo3000

Ein Übergang zum Bau von Schwerlastfahrzeugen war 1928 die Vorstellung eines Dreiachsers vom Typ N56. (Die Zahl „6" stand dabei für die sechs Räder.) Eine elastische Gelenkwelle übertrug die Kraft auf die erste Hinterachse. Eine Schubkugel leitete das Drehmoment über eine weitere Kardanwelle auf die zweite Hinterachse. Die Räder wurden dann über einen Stirnrad-Nabenantrieb in Bewegung gesetzt. Die beiden Achsen wurden über zentral angebrachte Halbelliptikfederpakete gegenüber dem Rahmen abgestützt. Innenliegende Backenbremsen waren vorhanden.
Zunächst wurde das Niederrahmen-Fahrzeug als 60sitziger Omnibus

55-PS-Daimler-Benz L4 (Lo2000)

karossiert. Die Höchstgeschwindigkeit betrug mit dem 100-PS-Sechszylindermotor 45 bis 50 km/h.
Der N56-Großraumtyp wurde auch mit dem neuentwickelten Sechszylinder-Dieselmotor OM5 versehen. Das Diesel-Omnibusmodell wurde auf einer Werbefahrt allen größeren Mercedes-Händlern vorgestellt. Trotzdem konnte der Absatz aufgrund der Ressentiments gegenüber dem Dieselmotor und aufgrund des höheren Preises nicht angeregt werden. Erst im Jahre 1930 kaufte die Rheinische-Kraftverkehrs-Gesellschaft (RVG) ein erstes Exemplar. Allerdings war es zuvor gelungen, einzelne Verkehrsunternehmen zu bewegen, ihre mit Vergasermotoren bestückten Fahrzeuge auf Dieselmotoren von Daimler-Benz umzurüsten.

55-PS-Daimler-Benz Lo2500

Auch als Dreiachs-Niederrahmen-Pritschenwagen für 7 bis 8, maximal 10 Tonnen wurde nun dieser Typ mit beiden Motorvarianten angeboten. Ebenso wurde nun der Lkw-Typ L5/OM5 mit dem Dieselmotor wieder in den Verkaufslisten geführt.
Lizenzen dieses Motors und der späteren Dieselmotoren wurden auch an ausländische Motorenhersteller vergeben, so an Gräf und Stift in Wien und an UNIC in Puteaux/Seine.
Im Jahre darauf wurde die Leistung des OM5-Motors auf 85 PS und 1931 durch die Änderung der Nockenwelle und durch den Einbau von sieben statt fünf Lagern schließlich auf 95 PS gesteigert.
Unterdessen lief im Gaggenauer Werk der Bau von Geländefahrzeugen

der Baureihe G3 mit einem 60-PS-Motor an. 1933 wurde das in nur wenigen Exemplaren gefertigte Modell schon durch den G3a mit einem 68-PS-Motor ersetzt. (Das „G" deutete auf die Verwendung als Geländetyp hin.) Die Fahrzeuge besaßen zwei angetriebene Hinterachsen mit Zwillingsbereifung. Die Nutzlast betrug jeweils 1,5 Tonnen. Insgesamt 2779 Fahrzeuge wurden bis in das Jahr 1938 gebaut.
Als mittlerer Lastwagen war der L 45/L 2500 mit einem 55-PS-Sechszylindermotor auf den Markt gekommen. Der schwere Fünftonner konnte als Typ LK5 nun als Kipper mit einer hydraulischen Kippvorrichtung geliefert werden.
Mit Beginn der dreißiger Jahre stellte Daimler-Benz trotz der überaus schwierigen Wirtschaftslage ein neues Programm vor. Dieses umfaßte Typen mit Nutzlasten von 1,5, 2, 2,5, 2,75, 3, 4 und 5 Tonnen sowie die bekannten N56-Typen. Hinter den Buchstaben gab nun eine vierstellige Zahl die Tonnage in Kilogramm an. Sechszylinder-Vergasermotoren mit 55/60, 70, 100 und 110 PS sowie der Dieselmotor mit 85 PS wurden eingebaut.
Der Einbau der Dieselmotoren fiel nun in eine Zeit, in der die Sparsamkeit sehr stark gefragt war, so daß die Daimler-Benz AG bei den großen Typen vorwiegend auf die Dieselmotoren-Ausstattung übergehen konnte. 1931 betrug der Anteil des Selbstzündermotors bei den Typen ab 5 Tonnen schon 90 Prozent.
Durch die Wirtschaftskrise war der Absatz der Fahrzeuge 1930 auf 2105, 1931 auf 1974 und 1932 schließlich auf den Tiefpunkt mit 1595 Fahrzeugen gesunken. Trotzdem umfaßte das breite und bestens abgestufte Programm Fahrzeuge in allen Nutzlastklassen. Die Fahrzeuge wurden als Kipper, Möbel-, Tank- und Kühlwagen, als Sonderfahrzeuge für die Polizei, für die Feuerwehr und für die Kommunen sowie als Sanitätsfahrzeuge mit eigenen Aufbauten hergestellt.
Ein Einzelstück blieb der auf Wunsch der Dresdner Feuerwehr hergestellte Leiterwagen, der einen 150-PS-V-12-Motor von Maybach besaß.
Eine neue Phase in der Konstruktion von Schnellastwagen leitete die Daimler-Benz AG mit dem Bau des Lo 2000 ein. Erstmalig wurde hier neben einem Vergasermotor ein 55 PS starker Kleindieselmotor vom Typ OM59 eingebaut, der mit seinen 3,8 Litern Hubraum die gleichen Maße wie der gleichstarke Vergasermotor hatte. Damit bewies das Unternehmen, daß auch der Dieselmotor in der Lage war, im Schwerlastbetrieb mit teilweise gänzlich veränderten Betriebsbedingungen ökonomisch zu arbeiten.
Der Zylinderkopf war geteilt aufgebaut. Sehr zweckmäßig war dabei die erstmals getroffene Anordnung, daß Vorkammer, Düse und Einsatz

100-PS-Daimler-Benz L3750

70-PS-Daimler-Benz Lo3000

120-PS-Daimler-Benz L5000

150-PS-Kraftpost-Kurswagen

leicht aus dem Zylinderkopf herausgenommen werden konnten. Die Kurbelwelle war dreifach gelagert und mit Gegengewichten ausgerüstet.
Der Rahmen war nur schwach gekröpft, so daß eine sogenannte Halbniederrahmen-Konstruktion, also ein Mittelding zwischen Hoch- und Niederrahmen zustande kam, die sowohl für den Omnibus- als auch für den Lastwagentyp verwendet werden konnte; der Zusatz „o" stand hier für diese Konstruktion. Das Fahrzeug konnte eine Geschwin-

150-PS-Daimler-Benz L10000

digkeit von 65 km/h erreichen. Wahlweise konnte ab 1936 auch ein 50/55 PS starker Gasmotor für den Betrieb mit Leucht-, Methan- und Flüssiggas eingebaut werden. Insgesamt wurden von diesem erfolgreichen Modell bis 1940 über 13000 Exemplare gefertigt.
Mit Beginn des Wirtschaftsaufschwungs im Jahre 1933 erweiterte die Daimler-Benz AG das Angebot mit dem L 2750 und dem neuen L 3500, die nun ebenfalls mit kleinvolumigen, 65 und 95 PS starken Dieselmotoren ausgerüstet wurden. Zur Rationalisierung der Motorenfertigung erhielten diese Vier- und Sechszylindermaschinen die gleichen

150-PS-Daimler-Benz L6500

Maße. Hinzu kam ein weiteres Programm an Sattelzugmaschinen. Diese Typenfamilie, die aus den Modellen Lo 2000, L 3000 und L 3500 abgeleitet war, erhielt die Bezeichnungen LZ 4000, LZ 6000 und LZ 8000, wobei die Zahlenangabe für die entsprechende Nutzlast stand.
Mit diesem Baujahr stellte die Daimler-Benz AG ihr damals größtes Programm an Diesel-Fahrzeugen vor, wenn auch noch wahlweise und für den Export Vier- und Sechszylinder-Vergasermotoren gebaut wurden. Die Vergasermotoren hatten größtenteils zur Produktionsvereinfachung die gleichen Maße wie die Dieselmotoren. Auch die Drehzahlen waren angeglichen, so daß es möglich war, die gleichen Getriebe in die Fahrzeuge einzubauen.
Die starke Nachfrage nach den Daimler-Benz-Fahrzeugen – 1933 wurden schon wieder 3520, 1934 5617 Fahrzeuge abgesetzt – machte

es notwendig, das Marienfelder Werk wieder auf die Fahrzeug-Montage umzustellen. Der Militärtyp G3a wurde nun auch wieder dort gefertigt. Von 1929 bis 1938 wurden von dieser G3-Baureihe insgesamt 2090 Exemplare hergestellt.
Ein Zwischentyp war der Lo 3100, der den gleichen 80-PS-Sechszylinder-Dieselmotor vom Typ OM67/3 erhielt, mit dem auch der L 3000 ausgestattet war.
1935 nahm das Berliner Werk den Bau des Militärtyps LG63 (später Typ LG 3000) auf. (Die „6" stand wiederum für die Räderanzahl, die „3" für die Tonnage.) Der auf 95 PS Leistung angehobene Dieselmotor OM67 trieb die beiden Hinterachsen über Schnecken an.
Neben diesem Geländewagen baute das Werk verstärkt Feuerwehrtypen, so auch den bekannten LGF 3000.
Die Gaggenauer und Mannheimer Werke stellten 1935 ein neues Programm vor, das die Typen L 1500, Lo 2600, Lo 3000, L 3100, Lo 3750, L 6500 und L 10000 umfaßte.
Der in 13000 Exemplaren von 1933 bis 1938 gefertigte Standardtyp Lo 3000 wurde zunächst mit einem 65-PS-Vergaser- oder mit einem gleichstarken Dieselmotor vom Typ OM65 gebaut. Ende 1935 wurde der Dieselmotor überarbeitet und mit veränderten Maßen als Typ OM65/3 auf 70 PS gesteigert. 1939 wurde die Leistung des nun als L 3000 S bezeichneten Fahrzeugs auf 75 PS angehoben. Das Modell erhielt mit diesem Baujahr dann auch das noch in der Nachkriegszeit verwendete, abgerundete Fahrerhaus. Die gleiche Maschine gelangte auch im schwächer ausgelegten L 2750 zum Einbau. Der sechszylindrige Motor OM67 wurde von 95 auf 100 PS gesteigert und wurde in den Lo 3500 und in den Lo 3750 bis 1941 eingebaut. Die Verdichtung der Motoren lag dabei gewöhnlich bei 17,5:1. Der L 3000 und der L 4500 wurden seit der Mitte der dreißiger Jahre auch mit einem Allradantrieb als „A"-Typen in Mannheim hergestellt. Der L 6500 konnte mit einem 120-PS-Motor mit 10,3 Litern Hubraum oder mit einem 150-PS-Motor mit 12,5 Litern Hubraum geliefert werden.
Der ehemalige L 8500 wurde noch für Müllwagenfahrgestelle in einer kleinen Serie als Frontlenker gebaut. Der Dreiachser L 10000 wurde mit einer Imbert-Generatoranlage und einer weit zurückgesetzten Vorderachse für den Kommunaldienst hergestellt. Das Sattelschlepperangebot erweiterte das Unternehmen mit dem schweren Typ LZ 10000, der eine Nutzlastkapazität von 17 Tonnen hatte.
Das Berliner Werk nahm in diesem Jahr den Bau des größeren Geländetyps LG 4000 (LG68) mit dem 95-PS-Dieselmotor auf. Das 6x6-Fahrzeug wurde bis 1938 in 7440 Modellen gefertigt.

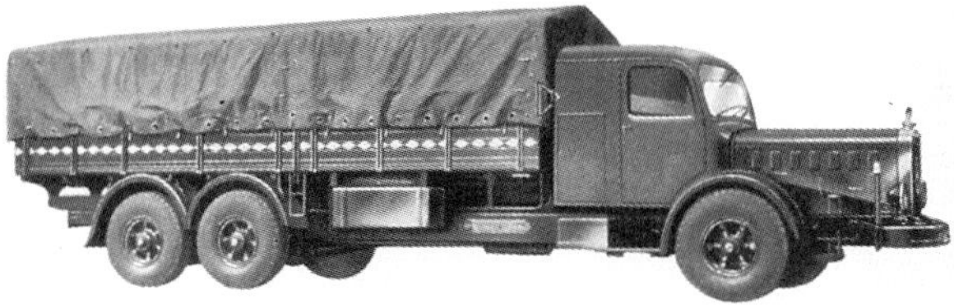

150-PS-Daimler-Benz L10000

Als Versuchsfahrzeuge stellte die Daimler-Benz AG den 4x4-Typ LG 2000 (LG65/2) mit einem 70-PS-, den 6x6-Typ LG 2500 (LG65/3) mit einem 80-PS- und schließlich den LG 3000a (LG65/4) mit der Achsformel 8x8 und einem 100-PS-Dieselmotor her.
Neuheiten des Jahres 1937 waren der L1500, der mit dem 45-PS-Dieselmotor versehen wurde, der auch im Diesel-Pkw „Mercedes 260 D" Verwendung fand. Ein gleichstarker Vergasermotor konnte wahlweise eingebaut werden. Mit dem L 2000 I (für leicht) mit einem 65-PS-Vergasermotor sollte eine neue Fahrzeuggeneration eingeleitet werden, was aber dann durch den Krieg unterblieb. Als nächster Typ wurde der L 2500 mit dem OM59/1-Dieselmotor ausgerüstet, der nun 60 PS an-

60-PS-Daimler-Benz Lo2500

45-PS-Daimler-Benz L1500

70-PS-Daimler-Benz 3t

stelle der ursprünglichen 55 PS leistete. Der ehemalige L 3500 wurde nun zum neuen L 3750 weiterentwickelt und mit einem 100-PS-Motor des Typs OM67/3 mit einem Hubraum von 7,3 Litern angeboten.
Für den Export wurde der LEX 2500 mit einem 70-PS-Dieselmotor auf einem verkürzten Fahrgestell und einer geänderten Übersetzung gebaut.
Hinzuweisen ist an dieser Stelle darauf, daß die Fertigung von Dieselfahrzeugen im Jahre 1937 die Zahl von 10 000 Stück erreicht hatte, so daß die Daimler-Benz AG damit an der Spitze der deutschen Hersteller stand.

75-PS-Daimler-Benz L3000S

Da die Fertigungsmöglichkeiten im Gaggenauer Werk erschöpft waren, wurde der Bau der leichteren Typen wieder in das Mannheimer Werk verlegt. Darunter waren der L 1500 S, der L 2000 I und das geländefähige Feuerwehrmodell LGF 3000, das einen Sindelfinger Aufbau erhielt. Hier war die flexibel aufgehängte Hinterachse eine Besonderheit.
Lediglich die für den Export bestimmten leichten Fahrzeuge wurden weiterhin in Gaggenau gefertigt.
Eine weitere Neuvorstellung präsentierte die Daimler-Benz AG mit dem Baustellenfahrzeug LK 10000, das zunächst die kantige und ab 1938 die abgerundete Fahrerhausausführung erhielt, die später den Übergang in die Nachkriegsgeneration einleitete.
Insgesamt 490 10-Tonnen-Modelle der Typen L/O 10000 wurden in verschiedenen Ausführungen als Kasten- und Pritschenwagen sowie als Omnibus bis 1941 hergestellt.
Der schwere Gaggenauer L 6500 wurde 1938 ebenfalls mit dem

112-PS-Daimler-Benz L4500A

60-PS-Daimler-Benz L1500S

neuen Fahrerhaus und einem neuen 150-PS-Motor mit einem Hubraum von nur noch 11,2 Litern versehen. Dieser Motor ersetzte die bisherige 12,5-Liter-Maschine. 2137 Fahrzeuge dieses Typs wurden von 1935 bis 1940 hergestellt.
Im gleichen Jahr nahm die Daimler-Benz AG im Berliner Werk den Bau des Einheitsdiesel-Lastwagens mit dem 80-PS-MAN-Motor auf. Das in 544 Exemplaren gefertigte Fahrzeug löste den eigenen Militärwagen LG 3000 (LG63) ab.
Das Schell-Programm des Jahres 1939 sah für die Daimler-Benz

120-PS-Daimler-Benz L4500S (W)

AG nur noch den Bau des Drei-, des 4,5- und eines noch zu entwickelnden Sechstonners vor, wobei die ersten beiden Modelle auch mit einem Allradantrieb ausgestattet werden mußten.
Der Dreitonner L 3000 S wurde, wie erwähnt, mit dem schließlich auf 75 PS gesteigerten Vierzylindermotor OM65/4 angeboten. Von 1938 bis 1944 wurden über 32000 Fahrzeuge mit dem modernen Fahrerhaus ausgeliefert.
Der in über 9000 Exemplaren gebaute L 4500 wurde mit dem schließlich auf 120 PS gesteigerten Dieselmotor OM67/4 ausgerüstet. Während des Krieges wurde die Leistung auf 112 PS gedrosselt. Statt eines direkten Kardanantriebes erhielt dieser Typ einen Stirnradnabenantrieb.

112-PS-Daimler-Benz L3000S

Der Sechstonner vom Schell-Programm wurde hingegen nicht entwickelt.
Dafür stellte das Werk ab 1939 den L 1500 A trotz des Typenbeschränkungsgebotes im Untertürkheimer Werk als Mannschaftswagen für die

60-PS-Daimler-Benz L2000HG

Feuerwehr und als kleinen Standard-Löschwagen mit der Bezeichnung „Löschgruppenfahrzeug LF8“ her. Der auch als Typ L 1500 F bezeichnete Feuerwehrwagen wurde in 3500 Exemplaren in Mannheim und in Gaggenau mit Sindelfinger Karosserien gefertigt. In ziviler Ausführung wurde das „S“-Modell als Pritschenwagen mit dem 60-PS-Vergasermotor in wenigen Exemplaren hergestellt.
1940 wurde der immer noch in der Produktion befindliche L 2000 auch mit einem Kohlengasgenerator ausgestattet.

75-PS-Daimler-Benz L3000S (W)

Große Serien von Feuerwehrfahrzeugen mit den Fachbezeichnungen KS25 und TLF25 wurden während der Kriegszeit auf dem 4,5-Tonnen-Fahrgestell gefertigt. Der schwere L 4500 F wurde dafür mit einem zentralen Nebenantrieb in 2000 Modellen gefertigt.
Der L 4500 konnte während der Kriegszeit auch als Schienenlastwagen bezogen werden.
In den Jahren 1943 und 1944 rüstete das Werk den L 4500 als „Maultier“-Typ unter der Bezeichnung L 4500 R mit einem veränderten Kettenlaufwerk des Panzers II aus. Fünf Lauf- und drei Stützrollen waren vorhanden. Über Blatt- und Viertelelliptikfedern wurde der Kettenunterbau abgestützt. Das 36 km/h schnelle Spezial-Geländefahrzeug wurde in einer Anzahl von 1480 Stück gebaut.
Auf Führerbefehl und durch Drängen von Direktor Jakob Werlin

68-PS-Daimler-Benz L701 (Opel-Blitz-Lizenz) (W)

wurde 1942 der Bau des Opel-Dreitonners vorbereitet, da sich der komplizierte und aufwendige Daimler-Benz-Dreitonner als zu anfällig für die Belastungen im Kriegseinsatz erwiesen hatte. Das unter der Typenbezeichnung L 701 ab 20. Juli 1944 gebaute Fahrzeug trug keinen Daimler-Benz-Stern. Das sogenannte Einheits-Fahrerhaus war der damaligen Mangelsituation entsprechend weitgehend aus Preßholz gefertigt. Der Original-Opel-Motor mit 68-PS-Leistung und das Fahrgestell wurden aus Rüsselsheim angeliefert. Über 3500 Modelle wurden bis Kriegsende im Daimler-Benz-Werk gefertigt.
Schließlich baute das Werk Fünf-, Acht- und Zwölftonnen-Halbketten-Zugmaschinen mit Maybach-Motoren für die Wehrmacht.
Insgesamt stellten die Daimler-Benz-Werke von 1926 bis Kriegsende 151621 Lastwagen, Omnibusse und Spezialfahrzeuge her. Nach der Kapitulation nahm das Unternehmen die Produktion wieder mit dem Opel-Nachbau und dem eigenen 4,5-Tonner auf.

Technische Daten der Daimler/DB-Fahrzeuge

Typ	T	SP	Z	PS	B×H	Hubr.	D	Gew.	Mot.
DC 3c	3,5	1917	4	35	108×150	5490	850		ab 1922 40 PS
DR 4–5 d	4/5	1917	4	45	120×160	7230	800	4700	ab 1922 50 PS
U0 1T	1,5	1918	4	25	80×130	2610	1600		
U0 2T	2	1918	4	50	110×150	5699	1300		
DC 2c	2	1921	4	40	108×150	5492	1000		
DC 3do	3/4	1922	4	50	120×160	7230	1000		
DR 4–5 d	4	1923	4	40			1000		D, Prototyp
DC 2c	2	1924	4	45	110×150	5699	1400		
DC 4d	4	1925	4	55	120×160	7230	1200	4700	
L 1	1,5	1926	4	45	95×130	3680	1800	2000	auch 52 PS
L 2	2,5	1926	4	55	105×165	5750	1600	3850	
N 2		1926	4	65	95×150	4250			
L 1	1,5	1927	6	50	80×130	3920	1800	2300	
L 2	3/4	1927	6	70	100×150	7070	1600	3800	
L 5/NJ 5	5	1927	4	70/77	120×180	8143	1300	4700	
L 45/L 2500	2,2	1928	6	55	80×130	3920	2000	3000	
L 5	5	1928	6	100	105×150	7793	2000	4700	
N 5		1928	6	100	105×150	7793	2000	6900	Dreiachser
N 56	8,5	1928	6	70	105×165	8570	1300	6800	D
G 3	1,5	1928	6	60	80×115	3460	2680	2500	Militärtyp
L 2000	2	1930	6	55	80×130	3920	1800	2222	
L 2500	2,5	1930	6	60	80×130	3920	2000	2400	
L 3000	3	1930	6	70	82,5×130	4160	2000	3250	
L 4000/L 2	4	1930	6	100	105×150	7790	2000	4000	
L 5000	5	1930	6	110	105×150	7790	2000		
L 5000/LK 5	5	1930	6	75	105×165	8570	1300		D
L 2750	2,7	1931	6	70	82,5×130	4160	2000	3250	
L 8500	8,5	1931	6	110	105×150	7790	2200	5200	
Feuerw.		1931	V 12	150	92×100	7973	2300		Maybach
Lo 2000/ L 60	2	1932	4	55	100×120	3760	2000	2400	
Lo 2000/ L 60	2	1932	4	55	100×120	3760	2000	2530	D
Lo 2500/ L 60	2,5	1932	4	55	100×120	3760	2000	2650	
Lo 2500/ L 60	2,5	1932	4	55	100×120	3760	2000	2720	

Technische Daten der Daimler/DB-Fahrzeuge

Typ	T	SP	Z	PS	B×H	Hubr.	D	Gew.	Mot.
L 3500	3,5	1932	6	95	110×130	7440	2000	4100	
L 5000	5	1932	6	110	110×165	9450	1600	5800	
L 5000	5	1932	6	110	110×165	9450	1600	5800	D
Lo 2750/ Lo 3000	2,7/3	1933	4	65	110×130	4940	2000	3000	
Lo 2750/ Lo 3000	2,7/3	1933	4	65	110×130	4940	2000	3200	D
Lo 3500	3,5	1933	6	95	110×130	7440	2000	5500	D
Lo 3500		1933	8	150/200	95×135	7655	2800		Rootskomp.
G 3a	1,5	1933	6	68	82,5×115	3660	2900	3300	Militärtyp
L 5000	5	1934	6	120	115×165	10280	1600	5900	
L 5000	5	1934	6	120	115×165	10280	1600	6640	D
Lo 2750/ Lo 3000	2,7/3	1935	4	70	110×130	4940	2000	3000	
Lo 2750/ Lo 3000	2,7/3	1935	4	70	105×140	4850	2000	3200	D
L 8500		1935	6	150	125×170	12520	1700	8000	D
Lo 3100	3,2	1935	6	75	95×130	5530	2000		
Lo 3100	3,2	1935	6	80	110×130	7413	2000		
LG 3000	2/3	1935	6	95	110×130	7413	2200	5700	
LG 4000	3/4	1935	6	100	105×140	7274	2000	6300	D
L 3750	3,7	1935	6	95	110×130	7413	2200	4400	D
L 3750	3,7	1935	6	100	105×142	7274	2000	4600	D
L 6500	6,5	1935	6	120	115×165	10280	1600	6640	D
L 6500	6,5	1935	6	150	125×170	12520	1700	6900	D
L 10000		1935	6	150	125×170	12520	1700	8500	D
Lo 3200	3,2	1936	6	80	105×140	7269	2000		D
LR 75		1936	6	65	82,5×100	3208	2800	2900	Halbkette
L 3750	3,7	1936	6	100	105×140	7269	2000	4380	D
L 1500	1,5	1937	6	45/47	72,5× 90	2245	2800	1470	
L 1500	1,5	1937	6	45	90×100	2545	2800	1620	D
L 2000	1,75	1937	4	60	110×120	4560	2000	2750	D
L 2000 I		1937	4	65	82,5×100	3210	2800	1960	
Lo 2500	2,5	1937	4	60	110×120	4560	2000	2650	D
Lo 2500	2,5	1937	4	60	110×120	4560	2000	2750	D
Lo 3000	3	1937	4	70	105×140	4850	2000	3200	D
Einheits- diesel	2,5	1937	6	80	105×120	6230	2400	5000	D, MAN
LG 3000 G	3,5	1937	6	100	105×140	7278	2200		D, 8×8-Prototyp

Technische Daten der Daimler/DB-Fahrzeuge

Typ	T	SP	Z	PS	B×H	Hubr.	D	Gew.	Mot.
L 6500	6,5	1938	6	135	125×170	12520	1700	6650	D, Militärtyp
L 6500	6,5	1938	6	150	120×165	11200	1700	7000	D
L 10000		1938	6	150	120×165	11200	1700	8600	D
LGF 3000		1938	4	70	105×140	4850	2000	3500	D
L 3000 S	3	1939	4	75	105×140	4850	2250	4020	D
L 3000 A	3	1939	4	75	105×140	4850	2250	4130	D
L 4500 S	4,5	1939	6	120	105×140	7278	2250	5250	D
L 1500 S	1,5	1940	4	60	80× 86	2594	3000	1620	
L 1500 A	1,5	1941	4	60	80× 86	2594	3000	2475	
L 4500 S	4,5	1941	6	112	105×140	7278	2250	5300	D
L 4500 A	4,5	1941	6	112	105×140	7278	2250	5715	D
L 3000 A/ L 701	3	1942	6	68	90× 95	3630	3000	2500	Opel-Lizenz
L 4500 R	4,5	1943	6	112	105×140	7278	2250	7740	D, Halbkette

Deutsche Last-Automobil-Fabrik AG (DAAG),

Ratingen b. Düsseldorf, 1910–1929

Die Deutsche Last-Automobil-Fabrik hatte 1910 den Bau von Nutzfahrzeugen aufgenommen. Das Unternehmen verbesserte nach dem Ersten Weltkrieg aufgrund der Erfahrungen im Kriegseinsatz seine Fahrzeuge, die als 3,5-, Vier- und Fünftonner liefen.
Eine technische Besonderheit war die Möglichkeit, die Nockenwelle beim Bremsvorgang zu verschieben. Dadurch arbeitete der Motor als Kompressor und wirkte als Motorbremse. Zwischen dem Differential und den Rädern war bei den DAAG-Modellen stets ein Stirnräderpaar zwischengeschaltet, um die Größe des Differentialgehäuses klein zu halten.
Der 3,5-Tonner wurde mit einer mechanischen Kippvorrichtung ausgerüstet. Als Omnibus konnte das Fahrzeug 20 Personen transportieren. Den Aufbau besorgte die Karosseriefabrik Lange und Gutzeit in Berlin. 1921 kam als erster deutscher Schnellaster der luftbereifte DAAG-Zweitonner hinzu. Die Motorleistung betrug 60 PS, was für die damalige Zeit gewaltig war. Der Motor war zur Gewichtsersparung aus Aluminium- und Siliziumlegierungen (Silumin) konstruiert. Die Ventile waren jedoch noch in stehender Bauweise angeordnet. Zur weiteren Verringerung der Eigenmasse wurden das Kastenrahmen-Fahrgestell und die Rad-

80-PS-DAAG NK 5 Lastzug

felgen auch weitgehend aus Leichtmetallen hergestellt. Die Räder liefen auf Wälzlagern. Durch das moderne Fahrwerk, die hohe Motorleistung und die Luftreifen konnte das Fahrzeug eine Höchstgeschwindigkeit von 57 km/h erreichen. Entwickelt wurde der Schnellaster von Professor Gabriel BECKER in Berlin-Charlottenburg.
1923 wurden die DAAG-Lastwagen als erste deutsche Konstruktionen

80-PS-DAAG NCL Chassis mit Luftfederung

mit Niederrahmenchassis und mit mechanisch gesteuerten Vierrad-Öldruckbremsen ausgestattet.
Die Fünftonner NC 5 erhielten einen aus Blech hergestellten Kastenrahmen mit Hohlnieten anstelle der sonst üblichen U-förmig gepreßten Rahmen, um auch hier das Fahrzeuggewicht zu mindern. Die Hinterachse war in Dreiecksverbundkonstruktion ausgeführt. Bei dieser Anordnung teilte sich die Kardanwelle nach dem vorverlegten Differential Y-förmig zu den Hinterrad-Halbachsen hin. Dadurch konnte das Differential tiefer gelegt und die Hinterachse als reine Tragachse ausgebildet werden. Das Gewicht auf der Hinterachse konnte gleichzeitig besser abgefedert werden. Die Kupplung wurde hydraulisch betätigt.

50-PS-DAAG C3

Die Niederrahmenkonstruktion des Omnibusses auf dem Fünftonnerchassis ermöglichte eine Plattform, die nur 60 cm über dem Boden angebracht war.
Eine weitere Ausrüstung war ab 1925 die vom Motor angetriebene Luftpumpe bei den luftbereift ausgeführten Fahrzeugen.
1925 erschien ein weiterer 50–PS-Schnellastwagen mit Niederchassis. Die Ventile waren nun in hängender Bauweise ausgeführt. Der Motor war zur Geräuschminderung vollständig gekapselt. Auch als Omnibus erschien dieses Modell. Eine Höchstgeschwindigkeit von 55 km/h konnte er erreichen. Gleichzeitig erhielt der Fünftonner eine Knorr-Druckluft-Vierradbremse.
1925 wurde das bisher zur Gelsenkirchener Gußstahl- und Eisenwerke

60-PS-DAAG C4

AG gehörende Unternehmen mit seinen 650 Arbeitern reorganisiert. Die Stumm-Gruppe erwarb die Aktienmehrheit. Der monatliche Ausstoß an Fahrzeugen betrug zu dieser Zeit 100 Lkw-Chassis.
Der Fünftonner-Niederrahmen-Lkw wurde 1926 mit Luftreifen ebenfalls zum Schnellastwagen und zum Schnellomnibus umgerüstet. Mechanische Vierrad-Servobremsen kamen zum Einbau. Die Motorleistung wurde auf 80 oder 100 PS mit Sechszylindermotoren erhöht. Eine weitere Besonderheit war der Einbau einer Faudi-Luftfederung zusätzlich zu den vorne und hinten angebrachten Viertelelliptikfedern.

80-PS-DAAG NCL

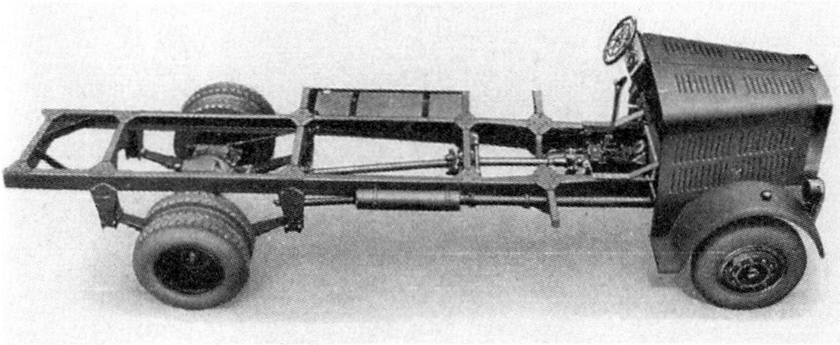

Die Aufbauten erstellten neben der Firma Lange und Gutzeit die Firmen → Talbot, Ackermann in Vohwinkel, Norddeutsche Waggon-Fabrik AG in Breslau, Trutz in Coburg und der Düsseldorfer Eisenbahnbedarf vorm. Carl Weyer in Düsseldorf.
Letztes vorgestelltes Modell war 1929 ein Sechstonner als Lkw oder als 33sitziger Omnibus mit einem 90-PS-Sechszylindermotor. Der Lkw wurde als hydraulisch betätigter Dreiseitenkipper ausgeführt.
Nachdem sich finanzielle Schwierigkeiten eingestellt hatten, übernahm 1929 die → Fried. Krupp AG die DAAG. Die noch vorhandenen Aufträge wurden aufgearbeitet, dann wurde das Werk stillgelegt, das mit einigen technischen Finessen und seinen schließlich 1000 Mitarbeitern den Nutzfahrzeugbau in Deutschland vorangetrieben hatte. Im Jahre 1930 verkaufte Krupp die Werksanlagen an die Keramikfabrik Keramag.

Technische Daten der DAAG-Fahrzeuge

Typ	T	SP	Z	PS	B×H	Hubr.	D	Gew.	Mot.
NAC 2/25	2	1921	4	50	110×160	6079	1200	3160	auch 60 PS
NAC 3/4	3/4	1923	4	60	110×160	6079	1500		
NC 5	5	1923	6	80	110×160	9118	1000		
ACO	5	1923	6	100	110×160	9118	1200		
EC 3	3	1924	4	40	110×160	6079	1000		
EK 4/5	4/5	1924	4	50	125×160	7850	1000		
NK 5	5	1924	4	60	110×160	6079	1500		Kette
NAC 3/4	3/4	1924	4	60	120×160	7234	1200		
AC 2	2,5	1924	4	55	110×160	6079	1200		
NAC 2	2,5	1925	4	55	110×160	6079	1200	3600	
NK 5	5	1925	4	60	120×160	7234	1200	4800	
NCL	5	1926	6	100	105×155	8053	1800		
NCL	5	1926	6	80	120×160	7234	1800		
CF 3/C 3	3	1927	4	50	110×160	6079	1250	2600	
C 4	4	1927	6	60	120×160	7236	1200		
L/O 6		1928	6	90	100×155	7300	1800		Dreiachser
L 2	2	1928	4	40	110×160	6079	1000		Schnecke
L 6	5	1930	6	99	105×155	8053	1800		Dreiachser

Gasmotoren-Fabrik Deutz AG, Köln-Deutz, 1916 und 1925

Nachdem das Unternehmen 1916 Prototypen eines Militärlastwagens nach Plänen des Ingenieurs Josef VOLLMER entwickelt hatte, stellte es nochmals auf der Berliner Automobilausstellung im Jahre 1925 zwei Lastwagen-Modelle vor. Der Typ BMF 118 besaß einen 40-PS-Motor mit hängenden Einlaß- und stehenden Auslaßventilen. Der 43-PS-Typ LM war mit einem Motor mit hängenden Ventilen ausgestattet. Ein Serienbau wurde jedoch nicht aufgenommen.
Von großer Bedeutung für das Unternehmen war der Erwerb der → C. D. Magirus AG im Jahre 1936, mit dem die damalige Humboldt-Deutz AG, später Klöckner-Humboldt-Deutz AG, in den Fahrzeugbau einstieg.

Technische Daten der Deutz-Fahrzeuge

Typ	T	SP	Z	PS	B×H	Hubr.	D	Gew.	Mot.
BMF 118	3	1925	4	40	120×180	8138	800		
LM	3	1925	4	43	115×160	6644	1000		

Dixi-Werke, Fahrzeugfabrik Eisenach, Eisenach, Rennbahn 16

1. 1902–1903 **Fahrzeugfabrik Eisenach AG**
2. 1904–1920 **Dixi-Werke, Fahrzeugfabrik Eisenach**
3. 1920–1928 **Dixi-Werke Eisenach,** Zweigniederlassung der Gothaer Waggonfabrik AG, Gotha, Kindlebenerstr. 77

Die 1896 gegründete Fahrzeugfabrik Eisenach hatte 1901 die Automobilfertigung aufgenommen. Ab 1902 erschienen auch Lastwagen und Omnibusse, zunächst unter der Marke „Wartburg“, dann unter der Marke „Dixi“. 1920 ging das Unternehmen einen Fusionsvertrag mit der Gothaer Waggonfabrik AG in Gotha ein, 1921 wurde es in den Firmenverband der Waggonfabrik eingegliedert. Hauptaktionär war Jakob SCHAPIRO, der auch die → NSU-Werke sowie weitere Fahrzeug- und Karosseriefabriken erworben hatte. Mitte der zwanziger Jahre traten bei dem Automobilunternehmen und bei der Muttergesellschaft große Verluste auf. Die Städte Gotha und Eisenach unterstützten die Werke durch hohe Kredite. 450 der 1450 Mitarbeiter des Eisenacher Unternehmens erhielten die Kündigung, da die Fahrzeuge kaum noch abgesetzt werden konnten. Im Jahre 1928 verkaufte die Waggonfabrik – Schapiro

45-PS-Dixi 3,5 t

45-PS-Dixi 3,5 t

55-PS-Dixi UO13

war inzwischen „ausgebootet“ worden – das Fahrzeugwerk mit seiner Belegschaft von inzwischen wieder 1200 Mann an die Bayerischen Motoren-Werke in München.
Nachdem das Werk während des Ersten Weltkrieges Armeelastwagen gefertigt hatte, wurden diese Typen in ziviler Ausführung in der Nachkriegszeit zunächst weitergebaut. Der seit 1913 gefertigte SL 4 als Zweitonner besaß einen 36-PS-Motor; der seit 1909 gefertigte TL 25 für 3/3,5 Tonnen war mit einem 40-PS-Motor und der seit 1914 im Programm stehende UO 13 für 4/5 Tonnen mit einem 55-PS-Motor ausgerüstet. Dieser Typ besaß weiterhin einen Kettenantrieb. Alle Motoren waren aus Aluminiumguß gefertigt und besaßen stehende Ventile. Konstrukteur der Fahrzeuge war der Technische Direktor des Werkes, Leonhard C. Grass.
Im Jahre 1925 wurden die Fahrzeuge noch einmal überarbeitet. Der Zweitonner erhielt einen 45-PS-Motor; auch in einer 18sitzigen Omnibus-Version wurde er geliefert. Der 3,5-Tonner wurde mit einem Anhänger der Waggonfabrik komplett als 6-t-Lastzug geliefert. Als Omnibus war er für 28 Personen ausgelegt. Auch hier war der 45-PS-Motor eingebaut. Der schwere 4/5-Tonner wurde weiterhin in unveränderter Version angeboten.
Mit der Übernahme des Werkes durch die BMW wurde der unrentable Lastwagenbau zugunsten der Pkw-Fertigung stillgelegt. Bis 1929 hinein wurde noch das auf 2,5 Tonnen verstärkte kleine Modell angeboten.

Technische Daten der Dixi-Fahrzeuge

Typ	T	SP	Z	PS	B×H	Hubr.	D	Gew.	Mot.
SL 4	2	1918	4	36	95×120	3400	1300		seit 1913
TL 25	3	1918	4	40	110×130	4939	1000		seit 1909
UO 13	4/5	1918	4	55	120×180	8138	850	3900	seit 1914
Dixi	2,5	1924	4	45	110×165	6272	1150		
Dixi	3,5	1924	4	45	110×165	6272	1150		
Dixi 12/40	1,5/2	1924	4	40	110×130	4939	1000		

Dürkoppwerke AG, Bielefeld, Moltkestr. 2

1. 1899–1909 **Bielefelder Maschinenfabrik,** vorm. Dürkopp u. Co.
2. 1909–1913 **Bielefelder Maschinenfabrik Dürkopp u. Co. AG**
3. 1913–1929 **Dürkoppwerke AG**

Die Dürkopp-Werke hatten 1899 den Nutzfahrzeugbau aufgenommen und 1906 den ersten schweren Kardan-Lastwagen herausgebracht. 1908 übernahm das Unternehmen die Berliner Oryx-Werke und richtete

45/50-PS-Dürkopp L 100

35-PS-Dürkopp L 1,5

damit ein Zweigwerk in Berlin für die leichteren Typen ein. Neben Personen- und Lastwagen wurden auch Fahrräder, Nähmaschinen, Spezialnähmaschinen und Gießereiartikel in dem 6000-Mann-Betrieb hergestellt. Die eigene Karosseriefabrik Wiemann u. Co. in Magdeburg lieferte die Aufbauten.
Nach dem Krieg wurden zunächst der 3/3,5-Tonner mit dem 36-PS-, der 4-Tonner mit dem 43-PS- und der 4/5-Tonner mit dem 56-PS-Motor weitergebaut. Der 4/5-Tonner besaß den in der Kriegszeit wieder eingeführten Kettenantrieb. Der Motor war aus Aluminiumguß hergestellt.

35-PS-Dürkopp L 1,5

Aus dem Berliner Zweigwerk kam das Modell L 1,5 mit einem 26/28-PS-Motor hinzu, der ab 1919 auf 30/35 PS gesteigert wurde. Dieser Typ konnte auch als leichter Sattelschlepper mit einer Aufsattelkupplung geliefert werden.
Das Stammwerk stellte als erste Neukonstruktion 1924 einen Zweitonner vom Typ L 2a mit einer niedrig gehaltenen Ladebrücke und mit Luftreifen vor. Der 40–PS-Schnellastwagen wurde als Pritschen-, Mannschafts-, Lazarett-, Flaschenbier- und als Viehtransportwagen hergestellt.
Nachdem sich der L 2a gut eingeführt hatte, erschien als weitere Neuschöpfung ein 2,5/3-Tonner mit einer ebenfalls 40 PS starken Maschine. Dieser Motor sollte die alte Motorengeneration ablösen, auch wenn

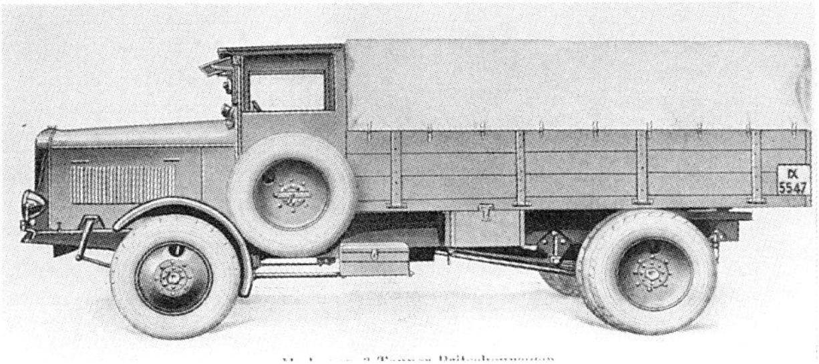

100-PS-Dürkopp L 3 (W)

der Hubraum zu gewaltig war. Hängende, über Klappscharniere gesteuerte Ventile kamen in diese sowie in die weiteren neukonstruierten Maschinen. Der Rahmen des als Typ L 2b bezeichneten Fahrzeugs konnte in gerader oder in gekröpfter Version geliefert werden. Die Vorderachse war weit zurückgesetzt. Das ZF-Einheitsgetriebe besaß einen Nebenantrieb, so daß der Motor auch die Luftpumpe für die Ballonreifen antreiben konnte. Motor und Getriebe waren zur besseren Gewichtsverteilung getrennt angebracht. Eine zusätzliche Untersetzung war in der geteilten Kardanwelle eingebaut. Eine Höchstgeschwindigkeit von 40 km/h konnte dieser Typ erreichen.
Mit der Vorstellung des kompletten Nachkriegsprogramms mit den Typen L 2b, L 2,5, L 3 und L 5 ab 1926 erschien auch ein Sechszylindermotor, der aus der 5,3-Liter-Maschine entwickelt worden war und 75

45-PS-Dürkopp L 2a

oder 100 PS leistete. Die ehemaligen Bezeichnungen L und O für Lastwagen und Omnibus standen nun für Hochrahmen- und Niederrahmenfahrzeug.
Während die Fahrzeuge bis drei Tonnen mit Kardanantrieb ausgerüstet wurden, erhielt der Fünftonner mit Elastikbereifung weiterhin einen Kettenantrieb. Bei der Ausstattung mit Luftreifen wurde er mit einem Kardan- und Ritzelantrieb versehen. Dabei bestand die Hinterachs-

75-PS-Dürkopp L 5

konstruktion aus einer Trag- und einer Antriebsachse mit zurückversetztem Differential.
Das Programm von 1928 bestand aus dem L 2,5, dem L 3, dem L 5 sowie dem Sechsrad-Niederrahmen-Fahrzeug L 5/6. Dieser aufwendig und unkonventionell konstruierte Dreiachser besaß einen 100-PS-Sechszylindermotor. Über ein Verteilergetriebe mit Differential wurden die beiden parallel geführten Antriebswellen in Bewegung gesetzt. An deren Enden waren Schneckengetriebe angebracht, die mit den vier

60-PS-Dürkopp L 3

unter der Rahmenkröpfung liegenden Schwingachsenhälften in Verbindung standen.
Durch diese neue Technik war das Fahrzeug frei von Kardangelenken und von Differentialen in den Hinterachsen. Gleichzeitig wurden die ungefederten Massen reduziert. Ein Nachteil war neben der kostspieligen Konstruktion die Zunahme des Gewichts, da vor den beiden Antriebswellen ein sehr schweres Verteilergetriebe fest am Rahmen eingebaut werden mußte. Konstrukteur des Dreiachsers war der Technische Leiter der Fahrzeugabteilung der Dürkopp-Werke, Ingenieur SCHRÖDER. Nur wenige Exemplare wurden noch von diesem Typ gefertigt.
Da der Fahrzeugbau nach dem Krieg stets nur ein Zusatzgeschäft gewesen war, wurde die Pkw-Fertigung 1927 und die Lkw-Montage

nach 30 Jahren Bauzeit im Jahre 1929 eingestellt. Für Jahre hinaus bot das Dürkopp-Werk noch Reparaturmöglichkeiten und Ersatzteile an. Heute gehört das Unternehmen zum Schweinfurter Kugelfischer-Konzern und ist im Bereich Industrienähmaschinen und Fördertechnik tätig.

Technische Daten der Dürkopp-Fahrzeuge

Typ	T	SP	Z	PS	B×H	Hubr.	D	Gew.	Mot.
L 100 5t	4,5	1913	4	45/50	130×150	7959	1300		
L 1,5	1,5	1919	4	35	90×130	3306	1700		
L3	3,5	1919	4	40	115×130	5398	1200		
L 2a	2	1924	4	40	101×130	4164	1500		
L 2b	3	1926	4	40	120×150	6782			
L 2,5	3	1926	4	45	110×150	5699	1000	2800	
L 3	3,5	1926	4	55	120×150	6782	1100	3000	
L 3 L	4,5	1926	4	60	120×150	6782	1200	3000	
L 3	3	1926	4	60	110×140	5319	1200		
L 5	5	1926	6	75	110×140	7978	1100	4870	
L/0 5/6	5/6	1928	6	100	120×130	8817	1100		Dreiachser

Dux-Automobilwerke AG, Leipzig-Wahren

1. 1909–1914 **Polyphon Werke AG,** Abt. Duxwagen
2. 1914–1919 **Dux-Automobilwerke GmbH**
3. 1919–1926 **Dux Automobilwerke AG**
4. 1927–1928 **Dux-Presto Automobilwerke AG**

Die aus den Polyphon-Werken, die 1909 den Automobilbau aufgenommen hatten, hervorgegangenen Dux-Werke bauten während des Ersten Weltkrieges vor allem Militärlastwagen. Hauptaktionär war der Kaufmann Georg GÜNTHER, der auch die → Presto-Werke und die → Elitewagen AG besaß.
Nach dem Krieg wurden nicht mehr von den Militärbehörden abgenommene Fahrzeuge komplettiert und verkauft. 1924 erhielt der 3,5-Tonner einen neuen 40-PS-Motor.
Einen neuen Versuch, in den Lkw-Bau wieder einzusteigen, unternahm das seit 1927 vollständig zu den Presto-Werken gehörende Werk im gleichen Jahr. Der Dux- oder spätere Dux-Presto-Lkw war als Schnelllastwagen vom Typ Z für 1,5 Tonnen ausgelegt. Der 50-PS-Motor, das Getriebe, die Lenkung und die Hinterachskonstruktion wurden von der

40-PS-Dux

→ NAG bezogen, die im gleichen Jahr die Dux-Presto Automobilwerke AG übernommen hatte. Bemerkenswert ist dabei, daß der NAG-Motor auf eine Konstruktion von 1907 zurückging! Die NAG verlegte ihren leichten und mittleren Lkw-Bau in das Dux-Werk und ließ dort die 50- und 53-PS-Typen weiterbauen. Eine rationelle und gewinnbringende Produktion sprang für die NAG dabei jedoch nicht heraus. 1929 erwarben die → Büssing-Werke diese Fabrikationsstätte und ließen dort ihre leichten Typen, darunter den erwähnten 1,5-Tonner als Büssing-Typ 150, fertigen.
Von 1931 bis 1945 war das Werk ein Teilbetrieb der von Büssing und von der NAG gegründeten Vereinigten Nutzkraftwagenwerke AG. Chefkonstrukteur und Betriebsleiter blieb bis zur Produktionseinstellung der Ingenieur Dr. Gustav Schürmann (1872–1962).
Zu erwähnen ist noch, daß der Schnellastwagen der Büssing-NAG-Gesellschaft auch über das Vertriebsnetz der → Adler-Werke abgesetzt wurde.

Technische Daten der Dux-Fahrzeuge

Typ	T	SP	Z	PS	B×H	Hubr.	D	Gew.	Mot.
	3,5	1918	4	40	82×140	4440			
Typ Z	1,5	1927	4	50	110×150	5699	1050		

DIXI
AUF
TEILZAHLUNG
Dixi-Lastkraftwagen sind unverwüstliche Arbeitswagen und besonders geeignet für Betriebe, die grosse Ansprüche stellen, wie Fuhrunternehmungen, Speditionen, Kohlenhandlungen, Mühlen, Steinbrüche usw. In verschiedenen Ausführungen für Nutzlasten von 2½, 3½ u. 5t unter Sondervergünstigungen mit längerer Kreditgewährung lieferbar.
DIXI-WERKE, EISENACH

DAS LAST-AUTO 1928
Feuerwehrmannschaftswagen – 2½ bis 3 Tonnen
Elite
Schnell-
Lastkraft-
wagen
Breiling
Ueberland-Lieferwagen, 2 Tonnen
Gemüsetransportwagen, 2 Tonnen
Schnellastkraftwagen mit elastischen Reifen, 2½ bis 3 To.
Luftbereifter Schnellastkraftwagen, 2½ bis 3 Tonnen
Schnellastkraftwagen, 1½ bis 2 Tonnen
Viehtransportwagen, 2 Tonnen
Vertreter gesucht
Carl Richard & Co.
G. m. b. H.
Ronneburg/Thür.
Mastentransportwagen einer Ueberlandzentrale – 2½ bis 3 Tonnen

E

Heinrich Ehrhardt Automobilwerke AG, Berlin; Düsseldorf, Reichstr. 20; Zella St. Blasii

1. 1904–1920 **Heinrich Ehrhardt Automobilwerke AG**
2. 1920–1925 **Heinrich Ehrhardt AG,** Abt. Automobilbau für Deutschland

Die Fahrzeugfabrik des Rüstungsindustriellen Heinrich EHRHARDT hatte 1904 den Nutzfahrzeugbau aufgenommen. Während des Ersten Weltkrieges war das Unternehmen zu einem der bedeutendsten Heereslieferanten für Kriegslastwagen und für Spezialfahrzeuge aufgestiegen. Nach dem Krieg verließen nur noch wenige nicht mehr zur Ablieferung an das Heer gekommene 50-PS-Fahrzeuge die Werkshallen. Um 1924 erschien noch ein 36/80 PS starkes Modell. 1925 wurde der Fahrzeugbau stillgelegt.

50-PS-Ehrhardt 4,5 t

Technische Daten der Ehrhardt-Fahrzeuge

Typ	T	SP	Z	PS	B×H	Hubr.	D	Gew.	Mot.
Ehrhardt	4,5	1918	4	50	108×150	5494	1300		seit 1913

Elitewagen, Berlin SW 29, Zossenerstr. und Brand-Erbisdorf

1. 1913 **Elite-Motoren OHG,** Berlin SW 29, Zossenerstraße
2. 1914–1916 **Elite Motoren Werke AG**
3. 1916–1918 **Elite Werke AG,** Brand-Erbisdorf
4. 1918–1921 **Elitewagen AG,** Berlin SW 29 u. Brand-Erbisdorf
5. 1921–1927 **Elitewagen AG,** Berlin SW 29; Brand-Erbisdorf; Ronneburg
6. 1927–1928 **Elite-Diamant-Werke AG,** Brand-Erbisdorf i. S., Zweigniederlassung der Elitewagen AG, Ronneburg S.-A.
7. 1928–1929 **Fahrzeugwerk Carl Richard u. Co. GmbH,** Abt. Karosseriefabrik Ronneburg S.–A.

Die Elitewagen AG war 1913 aus der Elite-Wagen OHG hervorgegangen, wobei die Elektromobil- und Maschinenfabrik Hentschel u. Co. und die Bootsmotorenfabrik Emile Lüders KG den Grundstock bildeten. Eigner des Unternehmens war ab 1916 der Kommerzienrat und Industrielle Georg GÜNTHER, der gleichzeitig Vorstandsvorsitzender der → Presto-

48-PS-Elite BL IV E

Werke in Chemnitz bis 1928 war. Partner an diesem Unternehmen war der dänische Industrielle Jörgen Skafte RASMUSSEN (1878–1964), der hier erstmals als Automobilindustrieller in Erscheinung trat.
1918 wurden die Müllereimaschinenfabrik F. Holtzhausen u. Co. in Nossen bei Berlin und die Diamantwerke Gebr. Nevoigt in Siegmar-Rei-

chenbrand eingegliedert. Die Zweigniederlassung Berlin–Wilmersdorf der → Automobilfabrik Richard und Hering wurde wenig später übernommen.
1921 erwarben die beiden Unternehmer die erwähnte Automobilfabrik mit der Marke „Rex-Simplex" in Ronneburg. Die Räderfabrik von Max Hering war zuvor ausgegliedert worden und blieb selbständig. Gleichzeitig trat der Großaktionär und Betriebsdirektor des Ronneburger Werkes, Carl RICHARD (1880–1948), in den Vorstand des 3500-Mann-Unternehmens ein. 1925 verband er seine Karosseriefabrik in Meerane mit dem neugebildeten Fahrzeugkonzern.
Weitere Werke bestanden in Brand-Erbisdorf, wo die Chassismontage

25-PS-Elite-Elektro 5 t

der Pkws und Lkws vorgenommen wurde, sowie in Sörnewitz, wo unter dem Namen Elite Maschinen AG Schokoladenmaschinen hergestellt wurden. Weitere Erzeugnisse des Unternehmens waren Fahrräder, Textilmaschinen und Fahrradbestandteile.
Im Ronneburger Karosseriewerk wurde schon 1922 die Benzin-Lkw- und die Pkw-Fertigung eingestellt und nach Brand-Erbisdorf sowie nach Chemnitz und nach Siegmar verlegt.
Das Ronneburger Werk übernahm dafür den Bau, den Vertrieb und die Reparatur von Elektromobilen und Straßenreinigungsmaschinen, die nach Plänen der ehemaligen Firma Berliner Electromobil- und Akkumulatorenfabrik (BEF) gebaut wurden.
Die Elektromobilfertigung erreichte Mitte der zwanziger Jahre die Spitzenposition in dieser Branche in Deutschland.

25-PS-Elite-Elektro

25-PS-Elite-Elektro

1927 mußte Carl Richard seine Beteiligung an den Elite-Werken aufgeben, konnte aber außer den Berliner Teilen das Ronneburger Werk 1928 wieder in seinen Besitz bringen. Georg Günther schied aus dem Unternehmen aus. Die Berliner Werksteile erwarb der Betriebsdirektor Paul MUCHOW, der früher die Hentschel-Werke geleitet hatte. Dort wurden weiterhin Kommunalfahrzeuge und Zugmaschinen für innerbetriebliche Zwecke hergestellt. Muchow hatte schon 1926 mit der Waggon- und Maschinenfabrik AG, vorm. Busch, Bautzen, die Muchow u. Co. Fahrzeug- und Gerätefabrik GmbH in Berlin gegründet, um Kommunalfahrzeuge und Geräte für die Stadtreinigung zu bauen. Mit dem Erwerb der Berliner Elite-Werke konnte er seine Elektromobil-Abteilung erheblich vergrößern.
Carl Richard führte das Unternehmen unter dem Namen Fahrzeugwerk Carl Richard u. Co. GmbH noch für zwei Jahre weiter, wobei der Einbau eines Junkers-Zweitakt-Dieselmotors in die Lastwagen dem Werk neuen Auftrieb geben sollte. 1929 mußte Carl Richard die Fahrzeugfertigung endgültig aufgeben, da der Diesel-Lkw sich nicht in genügender Stückzahl absetzen ließ. Das Werk in Brand-Erbisdorf erwarben die Opel-Werke und stellten dort für kurze Zeit das Opel-Neander-Motorrad her. 1935 ging das Werk nach einem Zwischenbesitz von Rasmussen in den Besitz von Willy OSTNER über, der dort Kleinlieferwagen der Marke „OD“ baute. Das Siegmarer Werk blieb nach verschiedenen Zwischenbesitzern bis heute in der Fertigung von Fahrrädern der Marke „Diamant“ tätig.
Carl Richard beteiligte sich weiterhin im Ronneburger Räderwerk seines Kompagnons Max HERING und im 450 Personen umfassenden Karosseriewerk Meerane. 1948 wurde er als angeblicher Rüstungsindustrieller umgebracht. Das Ronneburger Werk wurde nach der Enteignung eine Sowjetische Aktien-Gesellschaft (SAG) und stellte später als VEB Brand-Erbisdorf die Dieselkarre „Ameise“ her. Heute sind die Werke Meerane und Ronneburg als VEB Karosseriewerk bzw. VEB Fahrzeugzubehörwerke Ronneburg tätig und stellen wie eh und je Karosserien, Scheibenräder und Felgen her.
1921 bestand das Programm aus einem 6-PS-Elektro-Vorsteckwagen, der je nach mitgeführter Batterie auf dem angesteckten Hinterwagen eine Reichweite von 80 bis 90 km besaß. Ab 1925 wurde er auch mit zwei 4-PS-Motoren ausgestattet. Die Lenkung war in einfacher Drehschemelbauart ausgeführt. Das Antriebsteil besaß einen kurzen Rahmen und eine Haube, unter der sich die Schalteinrichtung befand. Fahrersitz und eine hintere Spornradstütze waren vorhanden. Der Motor war schwingend an der Achse angebracht und übertrug über ein Vorgelege

25-PS-Elite-Muchow-Elektro

seine Kraft auf die Vorderachse. Die Möglichkeit zur Seitensteuerung bestand. Eine elektrische sowie eine mechanische Bremse waren vorhanden.
Dieser Vorsteckwagen für Kommunalzwecke blieb Jahre im Programm. Ein weiteres Modell war ein kompletter Zweitonner, der das erwähnte Vorderteil auf einem durchgehenden Rahmen besaß. Hinzu kamen ein 2,5- und ein Fünftonner, die abgefederte Rahmen und ebenfalls elektrischen Antrieb besaßen. Über Kegelräder, Differential und Kette wurde die Kraft übertragen. Beide Modelle besaßen auch eine einfache Drehschemellenkung.
1925 stellte das Unternehmen eine neue Modellreihe von Benzin-Lkws vor. Der Typ CR war ein 1,5/2-Tonner mit einem 38-PS-Motor. Der CR2 war ein 2/2,5-Tonner mit 38/42 PS. Der BL IV E für 2,5/3-Tonner war mit einem 45/48-PS-Motor ausgestattet. Stehende Ventile waren in die Zweiblockmotoren eingebaut; eine Dekompressionsvorrichtung war vorhanden. Schließlich erschien 1926 ein Fünftonner mit einem Elektromotor. Der Antrieb erfolgte von dem 28-PS-Motor über Ketten auf die Vollgummi- oder Luftreifen. Das offene Fahrzeug hatte eine Reichweite von 60 bis 80 km. Getriebe- und Hinterradbremsen waren vorhanden. Nach Ausgliederung des Berliner Werkes wurde der Fünftonner schon bald wieder aufgegeben. Ab 1926 erhielten die Benzin-Lastwagen eine

Vierradbremse. Vierzylindermotoren mit 50, 55 und 60 PS standen jetzt für die „Elite"-Lkws zur Verfügung.
Größere Beachtung fand der 1928 herausgekommene BL IV EK3–J, ein 3/3,5-Tonner, der wie der entsprechende → Krupp-Typ mit einem Zweitakt-Dieselmotor von Junkers ausgerüstet wurde. Die Zweizylindermaschine, die in Gegenkolbenbauart ausgeführt war, lieferte 48 PS. Als Pritschen-, Kasten-, Langholz- und Feuerwehrwagen wurde dieser Typ angeboten. Zeitweilig war es das einzige Dieselfahrzeug auf dem deutschen Markt.
Mit Vergasermotoren wurden weiterhin die 1,5- und 2,5-Tonner hergestellt.
Um 1931 stellte das Werk nochmals einen 5-t-Elektrowagen mit einem 25-PS-Hauptschlußmotor vor. Ein zweistufiges Wechselgetriebe für Bergfahrten war vor dem Differentialvorgelege angebracht. Eine Geschwindigkeit von 12 bis 15 km/h konnte das Fahrzeug erreichen. Ein 3-t-Parallelmodell war mit einem 16-PS-Hauptschlußmotor ausgestattet.
Da der Absatz der Elite-Fahrzeuge aufgrund der schwierigen wirtschaftlichen Verhältnisse in Deutschland nicht belebt werden konnte, stellte Carl Richard 1929 die Fertigung ein. Etwa 1000 Elite-Lastwagen sind produziert worden.

Technische Daten der Elite-Fahrzeuge

Typ	T	SP	Z	PS	B×H	Hubr.	D	Gew.	Mot.
CR/CA	2	1925	4	35	100×140	4396	1300	3000	
CR/CA 2	2,5	1925	4	42	100×160	5024	1200	3200	
BL IV E	3	1925	4	48	110×160	6079	1200	3400	
	1,5	1926	4	50	77×140	2617	2500		
	1,5	1926	4	55	84×140	3130	2500		
	1,5	1926	6	60	79×125	3690	2000		
	5	1926		28			1000		Elektro
Richard	1,5	1928		50	75×118	3128	2250		
BL IV EK	2,5	1928	4	43	100×160	5024	1300		
BL IV EK3	3	1928	4	48	110×160	6079	1300		
BL IV EKJ	3	1928	2	48	80×300	3014	1125		D, Junkers
	3	1931		16					Elektro
	5	1931		25					Elektro

Maschinenfabrik Esslingen (ME), Esslingen am Neckar, 1926–1956

Die Maschinenfabrik Esslingen fertigte hauptsächlich Eisenbahnmaterial und Qualitätsguß für die Automobilindustrie.

Maschinenfabrik Esslingen 2 t (1927)

Maschinenfabrik Esslingen 5 t

Maschinenfabrik Esslingen ME-2501

Maschinenfabrik Esslingen ME-2501

Maschinenfabrik Esslingen ME-4001

Maschinenfabrik Esslingen ME (1942)

Im Jahre 1926 stellte sie ihren ersten Fahrzeugtyp, den Elektrowagen EW 1522 für 1,5 Tonnen Nutzlast vor. Zwei 2,3-kW-Motoren mit 1650 Umdrehungen trieben die differentiallosen Hinterachshälften an. Eine Höchstgeschwindigkeit von 18 km/h konnte das Fahrzeug auf Elastikrei-

fen erreichen. Fuß-, Hand- und Kurzschlußbremsen waren vorhanden. Die Reichweite des EW 1522 lag zwischen 65 und 75 km.
Im Jahre 1927 folgte ein wiederum elastikbereifter Fünftonner. 1936 wurde das Programm überarbeitet. Die 2,5- und Dreitonner 2501 und 3001 erhielten 8,8-kW-Hauptschlußmotoren und Luftreifen. Die Motoren waren an der Hinterachse angebracht und am Rahmen abgefedert. Sie trieben nun über ein Ausgleichsgetriebe die Hinterräder an. Die Höchstgeschwindigkeit lag bei 30 km/h. Ein zwillingsbereifter Dreiachser für 5 Tonnen kam hinzu. Vier Einheitsbatterien und ein mechanisches Berggetriebe waren Einzelheiten dieses Fahrzeugs. Schließlich stand 1941 ein Angebot mit 2,5-, 3-, 5-und 10-t-Fahrzeugen zur Verfügung, das aber durch die Kriegsereignisse schon bald wieder eingestellt werden mußte.

Technische Daten der ME-Fahrzeuge

Typ	T	SP	kW	B×H	Hubr.	D	Gew.	Mot.
EW 1522	1,5	1926	2×2,3				3700	
2501	2,5	1927	8,8				3800	
3001	3	1927	8,8					
1501	1,5	1941						
2501	2,5	1941						
5001	5	1941						
10001	10	1941						

F

Fafnir-Werke AG, Aachener Stahlwarenfabrik,
vorm. Carl Schwanemeyer, Aachen 22, Jülicher Straße

1. 1912–1919 **Carl Schwanemeyer, Aachener Stahlwarenfabrik**
2. 1919–1928 **Fafnir-Werke AG, Aachener Stahlwarenfabrik,** vorm. Carl Schwanemeyer

Die um 1880 eingerichteten Stahlwarenwerke Carl Schwanemeyer bauten in der Zeit vor dem Ersten Weltkrieg Fahrradbestandteile, Motoren, Automobile und Automobilbausätze. Während des Ersten Weltkrieges kam ein Regeldreitonner in kleiner Stückzahl hinzu.
Nach dem Krieg bot das Unternehmen von 1925 bis 1926 ein 1,5-Tonnen-Schnellastwagenchassis vom Typ 476 LC an. Zunächst gelangte ein 32, dann ein 36 PS starker Motor zum Einbau. Die Ventile waren in stehender Bauweise ausgeführt. Der Rahmen war ohne Kröpfung aus Spezialstahl gefertigt.
1928 mußte die traditionsreiche Motorenfabrik Konkurs anmelden, und die belgische Reifenfirma Englebert Fils et Cie. zog in die Werksanlagen ein.

Technische Daten der Fafnir-Fahrzeuge

Typ	T	SP	Z	PS	B×H	Hubr.	D	Gew.	Mot.
476 CL	1,5	1926	4	36	76×125	2267	2500		

FAMO Fahrzeug- und Motorenwerke GmbH, vorm. Maschinenbau Linke-Hofmann, Breslau, Grundstr. 12, 1935–1944

Die Linke-Hofmann-Werke gaben 1935 ihre Straßenfahrzeug-Fertigung an den Junkers-Konzern ab, der diese Abteilung als FAMO-Werke weiterführte. Neben der traditionellen Raupenschlepperfertigung wurden der Traktorenbau und in beschränktem Maße die Lkw-Fertigung aufgenommen. Ein 125-PS-Junkers-Gegenkolbenmotor trieb den einzigen Lastwagentyp für 5 Tonnen an. Durch das Schell-Programm verlegte sich das Unternehmen vollständig auf die Schlepper- und die Zugmaschinenfertigung für die Wehrmacht. 1944 wurde das Werk in eine Aktiengesellschaft umgewandelt und kurz danach in den sächsischen Raum verlagert. Die Schleppermontage wurde nach dem Krieg in der SBZ/DDR nach Konstruktionen und mit Maschinen der FAMO wieder aufgenommen.

Technische Daten der FAMO-Fahrzeuge

Typ	T	SP	Z	PS	B×H	Hubr.	D	Gew.	Mot.
FAMO	5	1935	4	125	85×96/144	5448	1600		Junkers

FAUN-Werke AG, Nürnberg, Wächterstr. 2/16

1. 1890–1910 **Nürnberger Feuerlöschgeräte- und Maschinenfabrik vorm. Justus Christian Braun**
2. 1910–1911 **Nürnberger Feuerlöschgeräte- u. Maschinenfabrik AG** vorm. Justus Christian Braun
3. 1911–1913 **Justus Christian Braun-Premierwerke AG**
4. 1913–1919 **Nürnberger Feuerlöschgeräte-, Automobillastwagen- und Fahrzeugfabrik GmbH,** vorm. Justus Christian Braun
5. 1919–1920 **Fahrzeugfabriken Ansbach und Nürnberg AG (FAUN)**
6. 1920–1926 **FAUN-Werke AG,** Nürnberg, Wächterstr. 2/16
7. 1926–1934 **FAUN-Werke GmbH, Kommunalfahrzeuge und Lastkraftwagen**
8. 1934–1963 **FAUN-Werke,** Kommunalfahrzeuge und Lastkraftwagen Karl Schmidt, Nürnberg, Höfenerstr. 53, ab 1945 Lauf a. d. Pegnitz
9. 1963–1967 **FAUN-Werke KG,** Kommunalfahrzeuge und Lastkraftwagen Karl Schmidt
10. 1967–1976 **FAUN-Werke GmbH u. Co. KG,** Kommunalfahrzeuge und Lastkraftwagen Karl Schmidt
11. 1976–1984 **FAUN-Werke KG,** Kommunalfahrzeuge und Lastkraftwagen Karl Schmidt

12. 1984-1985 **FAUN-Werke AG,** Kommunalfahrzeuge und Lastkraftwagen Karl Schmidt
13. 1985–heute **FAUN AG**

Die Fahrzeugfabriken Ansbach und Nürnberg AG mit der Abkürzung FAUN waren 1919 aus dem Zusammenschluß der Fahrzeugfabriken Ansbach AG und der Nürnberger Feuerlöschgeräte-, Automobillastwagen- und Fahrzeugfabrik GmbH hervorgegangen. Der Firmenname FAUN-Werke AG wurde 1920 angenommen; gleichzeitig wurde die Nürnberger Vorgängerfirma gelöscht. Geschäftsführer des Unternehmens war der Fabrikdirektor Karl SCHMIDT (1884–1938), der den Nürnberger Teil eingebracht hatte. Um 1925 wurde die Fried. Krupp AG Großaktionär des 1200 Mann umfassenden Betriebes. Zweiter Großaktionär wurde Karl Schmidt. 1926 mußte aufgrund der schwierigen Wirtschaftslage Geschäftsaufsicht beantragt werden. Im gleichen Jahr wurde durch einen Zwangsvergleich das Unternehmen auf neue Füße gestellt. Der Ansbacher Teil spaltete sich wieder ab und firmierte für zwei Jahre noch mit wenig Erfolg wiederum als → Fahrzeugfabriken Ansbach

50-PS-FAUN IIo

70-PS-FAUN 4/5 t

AG, vorm. FAUN-Werke. Das Nürnberger Werk konnte Direktor Karl Schmidt von der Krupp AG zurückkaufen, die durch die große räumliche Entfernung nicht mehr an dem Werk interessiert war und zu dieser Zeit eine eigene Fahrzeugfabrik aufbaute. Gleichzeitig wurde der

FAUN-Elektro-Müllwagen

FAUN-Elektro-Müllwagen

FAUN-Elektro-Vorspannwagen

30-PS-FAUN-Müllwagen

bescheidene, unrentable Pkw-Bau in Nürnberg aufgegeben. Verkaufsfördernd diente die in München ansässige Lastmotor GmbH, die die Fahrzeuge unter einem stilisierten Faun-Kopf als „Bayerische Last-

105-PS-FAUN 5 t

Kraftwagen“ in den zwanziger Jahren verkaufte. Nach dem Tod von Karl Schmidt im Jahre 1938 konnte sein Sohn, Dipl.-Ing. Karl Heinz Schmidt, das Unternehmen übernehmen und es während des Krieges und des Wiederaufbaus bis 1967 leiten.
1942 richteten erste Bombenangriffe schwere Schäden an dem Nürn-

70-PS-FAUN-Rüstwagen

berger Werk an, das während des Krieges vorwiegend Zugmaschinen fertigte. Nach einer notdürftigen Reparatur legte ein erneuter Luftangriff 1943 das Werk vollkommen still. In den Zweigwerken Nürnberg-Doos (ehemaliges Braun-Premier-Werk) und Schnaittach (heute Neunkirchen) wurden bis Kriegsende noch einige Zugmaschinen gefertigt.

In den zwanziger bis vierziger Jahren befaßten sich die traditionsreichen FAUN-Werke mit dem Bau von Kommunal- und Spezialfahrzeugen, lieferten darüber hinaus auch Serienlastwagen und Omnibus-

32-PS-Faun Mammut

90-PS-FAUN 5L Sprengwagen

se. Bekannt wurde FAUN als Pionier des benzin-elektrischen Antriebes für schwere Nutzfahrzeuge unter Verwendung von Radnabenmotoren. Die Rolltrommel-Müllwagen galten als eine besonders fortschrittliche Konstruktion auf diesem Gebiet.
Nach dem Ersten Weltkrieg wurden weiterhin 3,5- und 4,5-Tonnen-Lkws im Nürnberger Werk montiert. Die Fahrgestelle dienten auch für

FAUN-Elektro-Paketwagen

100-PS-FAUN 7 t

Kommunal- und Feuerwehraufbauten. Auch ein Doppeldecker-Omnibustyp wurde für Berlin gefertigt. Die Motoren stammten von den → Nürnberger Hercules Werken. Daneben stellte das Unternehmen 2-Tonnen-Elektrowagen und benzin-elektrische Fahrzeuge her. Als Antrieb diente entweder der 45-PS-Hercules-Motor mit stehenden Ventilen oder ein 70-PS-Sechszylinder-Maybach-Motor mit hängenden

FAUN-Elektro-Bierwagen

Ventilen. Diese Fahrzeuge besaßen Radnabenmotoren des Systems FAUN mit Vorderrad- oder Allradantrieb. Der in den Rädern eingebaute Anker rotierte auf Kugellagern in dem Magnetstern mit seinen Feldmagneten. Die Motoren ließen sich daher wie gewöhnliche Räder in einem Stück von der Achse abziehen. Biegsame Kabelleitungen waren vorhanden. Vollgummiräder, elektrische und mechanische Bremsen

70-PS-FAUN

waren weitere Details der benzin-elektrischen Fahrzeuge, die ohne Schaltgetriebe auskamen.
Um 1925 wurde der Schneckenantrieb für die Benzin-Lastwagen eingeführt. Weitere Besonderheiten waren die Kupplungsbremse und die Schaltstangenverriegelung.
Bekannt wurden vor allem verschiedene Kommunalfahrzeuge, Lastwagen und Omnibusse, die als Antriebsquelle einen langsamlaufenden Maybach-Motor besaßen.

45-PS-FAUN L253D

Als Ablösung der ehemaligen Weltkriegslastwagen erschien gleichzeitig ein 4/5-Tonner als Eillaster mit dem Maybach-Motor, der das Fahrzeug mit Luftreifen auf 60 km/h beschleunigen konnte. Auch dieses von Karl Schmidt konstruierte Fahrzeug war in Niederrahmenbauweise ähnlich dem Omnibustyp ausgeführt. Die Hinterachskonstruktion bestand hier aus einer Tragachse und dahinterliegenden Antriebswellen mit Seitenvorgelege.
Ein weiterer Produktionsbereich war in den späten zwanziger Jahren der Bau von Obussen mit Radnabenmotoren für das Ausland.
Noch bis in die dreißiger Jahre wurden benzin-elektrische Modelle gefertigt, wobei auch dreiachsige Typen dabei waren, die 10 Tonnen Last befördern konnten. Die beiden Hinterachsen besaßen vier Radnabenmotoren. Standardtyp in diesem Bauprogramm war ein 3,5-Tonner.

Einen neuen Schub an Fahrzeugmodellen stellte das Unternehmen ab 1933 vor. Sonderfahrzeuge wie Sattelschlepper, Muldenkipper, Zementtransporter, Autobagger, Kran- und Turmwagen, Müll- und Kehrichtfahrzeuge, Spreng-, Tank- und Kesselwagen, Omnibusse, Lastwagen und Zugmaschinen bildeten das weitgefächerte Programm. Einen Nebenzweig bildeten weiterhin benzin-elektrische Straßenwasch- und Straßenkehrmaschinen.
Unter den FAUN-Kleinlastwagen ist der 1,5-Tonner „Mammut“ mit

100-PS-FAUN L450D/550D

einem 30/35-PS-Adler-Vergasermotor und einem kurzen Radstand hervorzuheben. Als Kommunal-, Pritschen- und als Kastenwagen wurde dieser kleinste FAUN-Lkw gebaut.
Als erste Fahrzeuge erhielten ein 3,5- und ein Sechstonner im Jahre 1933 Vier- und Sechszylinder-Dieselmotoren von MWM. Ein Jahr später kamen schwere Fahrzeuge mit 75- und 110-PS-Sechszylindermotoren hinzu, die von Humboldt-Deutz stammten. Damit begann die Bestükkung der FAUN-Fahrzeuge mit Deutzer Motoren, die bis heute mit inzwischen luftgekühlten Maschinen anhält. Vereinzelt kamen jedoch neben Adler-Motoren auch Junkers-Zwei- und Viertaktmotoren sowie Ford- und Maybach-Triebwerke zum Einbau. FAUN-Haupttypen waren der L325D und der L450D. Größter Typ war der L900, ein Dreiachser mit 9 t Nutzlast.

50-PS-FAUN-Kipper (Frontlenker)

Ein Höhepunkt der FAUN-Nutzfahrzeugentwicklung war der 14-Tonner „L 1500 Zwickau", der einen 200-PS-Achtzylinder-Dieselmotor von Humboldt-Deutz besaß. Das Fahrzeug verfügte über zwei gelenkte Vorder- und zwei mit Schnecken angetriebene Hinterachsen mit Zwil-

72-PS-FAUN L450D

170-PS-FAUN L900D

lingsbereifung. Der Motor war hinter dem Fahrerhaus des Frontlenkers eingebaut. Der gleiche Motor gelangte auch 1939 in den L900 D87. Neben dem Einheitsdiesel-Lkw für die Wehrmacht, von dem über 700 Exemplare gefertigt wurden, bestand das letzte FAUN-Programm vor dem Krieg aus dem Zweitonner M2CL, dem Dreitonner A25, dem 3,5-Tonner L335 D63, dem Viertonner L400 D563, dem 4,5-Tonner

110-PS-FAUN 560D

150-PS-FAUN L600D

105-PS-FAUN L400D

L450 mit 110 und 125 PS, dem Fünftonner L500 D566, dem 6,5-Tonner L600 D67 mit 125 und 150 PS, dem Siebentonner L600 D87 mit 170 PS, dem Neuntonner L900 D87 mit 150, 170 und 200 PS sowie dem 14-Tonner L1500. Kurz nach Ausbruch des Krieges kam noch ein weiterer, 145 PS starker Neuntonner mit der Bezeichnung LK hinzu. Als einziger Omnibustyp wurde in den späten dreißiger Jahren der O33 D66 mit einem 110-PS-Sechszylindermotor gebaut.
Hinzuweisen ist noch auf die umfangreiche Produktion von Müllwagen mit Ladekapazitäten von 2 bis 5 Tonnen. Auch hier fanden Adler-, Ford-, Maybach- und Deutz-Motoren Verwendung. Schließlich ist noch die

90-PS-FAUN-Müllwagen

Produktion von dreirädrigen Kehrmaschinen des Typs DKS zu erwähnen, die von einem 50-PS-Ford-Motor angetrieben wurden.
Nach dem Schell-Programm sollte das Werk als einzigen Lastwagentyp einen 6,5-Tonner sowie als schwerste damalige Zugmaschine einen

200-PS-FAUN L1500D

150-PS-Verkehrsschlepper bauen. Doch schon 1940 wurde der Lastwagenbau vollständig eingestellt, um alle Kräfte auf die Fertigung der Zugmaschinen zu konzentrieren.
Wenn auch die Stückzahlen bescheiden blieben, so bot doch das FAUN-Werk ein komplettes Typenprogramm an, das mit verschiedenen Aufbauvarianten und Spezialtypen weiter vergrößert wurde.

Technische Daten der FAUN-Fahrzeuge

Typ	T	SP	Z	PS	B×H	Hubr.	D	Gew.	Mot.
BEL	3		4	36	116×150	6337	900		Nürnbg. Hercules
B	3,5		4	40	115×150	6228	1300		dto.
B 2	3,5		4	45	116×150	6337	1000		dto.
SN 3	4,5		4	45	116×150	6337	1000	4400	dto.
II o	2	1925	4	50	116×150	6337	1400		dto.
Q 5/95	5	1928	4	55	120×150	6782	1400		dto.
	4,5	1931	6	55	82×122	3863			Maybach
Q 5/L 3	4	1931	6	70	94×168	6995	1600		dto.
5 L	5	1931	6	90	94×168	6995	1800		dto.
L 4	5,5	1932	6	70	94×168	6995	1600		dto.
L 5	7,5	1932	6	70	94×168	6995	1600		dto.
M 2 C									
Mammut	1,5	1933	4	32	71× 95	1504	3000	3000	Adler
	3,5	1933	4	60	105×150	5192	2000		D, MWM
	6	1933	6	82	105×150	7789	1650		dto.
L 225 D/ L 253 D	2,5	1934	4	50	100×130	4084	2000		D, Deutz
L 354 D	4	1934	6	70	100×130	6126	2000		dto.
L 550 D 67	5,5	1934	6	100	120×170	11536	1500		dto.
L 900	9	1934	6	95	120×170	11536	1500		dto.
LD 560 D	6	1935	6	110	120×170	11536	1600	5880	dto.
L 335 M	3,5	1935	6	90	100×110	5184	2000		Maybach
L 335 KD	3,5	1935	4	85	120×170	7691	1500		D, Deutz
L 335 KV	3,5	1935	4	77	120×176	7962	1500		
L 325 D	3,5	1935	6	75	100×130	6126	2000	4230	D, Deutz
L 335/ D 334	3,5	1935	6	75	100×130	6126	2000	4080	dto.
L 450 D	4,5	1935	4	72	120×170	7686	1500	5400	dto.
L 450 D	4,5	1935	6	110	120×170	11536	1500	5650	dto.
L 560 D 87	5,5	1935	8	170	120×170	15382	1500		dto.
L 600 D 87	6	1935	8	170	120×170	15382	1500		dto.

Technische Daten der FAUN-Fahrzeuge

Typ	T	SP	Z	PS	B×H	Hubr.	D	Gew.	Mot.
L354 Ju	3,5	1936	4	60	85×240	5448	1500		D, Junkers
L450 D66	4,5	1936	6	110	100×160	7540	2000		D, Deutz
L500 Ju	5	1936	4	50	100×130	4084	1600		D, Junkers
L600 D67	6	1936	6	100	120×170	11500	1500		D, Deutz
M 2 c	2	1937	4	30	71× 95	1504	3000		Adler
L400 D66	4	1937	6	110	100×160	7540	2000		D, Deutz
L450 M110	4,5	1937	6	110	100×110	5184	2600		Maybach
L750 B	7,5	1937	6	150	130×170	13538	1600		D, Deutz
L750 D87	7,5	1937	8	170	120×170	15382	1500		dto.
A25	3	1938	4	50	94×118	3275	2200		Maybach
M 2 CL	2	1938	4	35	71× 95	1504	3000		Adler
L325 D63	3,5	1938	6	90	100×130	6126	2200	3900	D, Deutz
L400 D563	4	1938	6	105	110×130	7412	2000	3900	dto.
L450 D66H	4,5	1938	6	125	110×160	9118	2000		dto.
L500 D566	5	1938	6	125	110×160	9118	2000	5400	dto.
L500 D III	5	1938	6	130	130×170	11536	1600		dto.
L600 D67	6	1938	6	125	110×160	9118	2000	6600	dto.
L600 D567	6	1938	6	145	130×170	13538	1600	6600	dto.
L600 D87	6	1938	8	170	120×170	15300	1600	7000	dto.
L900 D87	9	1938	9	170	120×170	15300	1600	8900	dto.
L900 D567	9	1938	6	150	130×170	13538	1600	8900	dto.
L1500	14	1938	8	200	130×170	18050	1600		dto., auch 170 PS
Einheits-diesel	2,5	1938	6	80	105×120	6234	2400	5000	D, MAN
L400 KD	4	1939	6	100	110×130	7413	1200		D, Deutz
L400 KWH	4	1939	4	70	120×170	7691	1600		dto.
L450 Ju	4,5	1939	4	55	100×130	4084	1600		D, Junkers
L500 D566	5	1939	6	120	110×160	9123	1600		D, Deutz
L600 FR	6	1939	6	145	130×170	13538	1600		dto.
L900 D87	9	1939	8	200	130×170	18051	1600		dto.
LK 5	9	1940	6	145	130×170	13538	1600		dto.
Müllwagen									
M 4	2		4	30	71× 95	1504	3000		Adler
M 5	2,5		4	50	98,4×108	3236	2800		Ford
M 5	2,5	1939	V 8	80	77,8×95,3	3924	3000		Ford
M 6	3		6	90	100×110	5184	2200		Maybach
M 6 D	3		4	50	100×130	4084	2000		D, Deutz

Technische Daten der FAUN-Fahrzeuge

Typ	T	SP	Z	PS	B×H	Hubr.	D	Gew.	Mot.
M 10	4,5		6	110	100×110	5184	2600		Maybach
M 12	5		6	110	100×110	5184	2600		dto.
M 12 D	5		6	100	120×170	11536	1500		D, Deutz
M 8	3,75		6	110	100×110	5184	2600		Maybach
P 4	3,5		6	100	90×110	4170	2800		dto.
DKS		1939	4	50	98,4×108	3236	2800		Ford, Kehrmaschine

E. C. Flader Feuerlöschgerätefabrik, Jöhstadt i. Sachsen, 1904–1910 und 1921–1929

Die bekannte Feuerlöschgeräte- und Landmaschinenfabrik fertigte nach dem Ersten Weltkrieg verschiedene Feuerwehrfahrzeuge mit Komponenten der Firma → Hille. Darunter waren eine Überlandautomobilspritze für 11 Mann und mit einem Wassertank für 1500 Liter sowie ein Mannschafts- und Gerätetyp.
Ein Flader-Feuerwehrfahrzeug ist im historischen Bestand der Frankfurter Feuerwehr erhalten geblieben.
Bis heute fertigt das inzwischen in VEB Feuerlöschgerätewerk Jöhstadt umbenannte Unternehmen weiterhin Feuerwehraufbauten.

Ford-Werke AG, Köln-Niehl, Henry-Ford-Str. 1

1. 1928–1931 **Ford Motor Company AG,** Berlin-Westhafen
2. 1931–1939 **Ford-Motor Company AG,** Köln-Niehl, Henry-Ford-Str. 1
3. 1939–1961 **Ford-Werke AG**

Die 1925 für den deutschen Markt gegründete Ford Motor company AG nahm 1926 im Berliner Westhafen-Gebiet die Montage von Personen- und Lieferwagen des Modells T („Tin Lizzie“) auf. 1928 kam ein Leicht-Lkw mit der Bezeichnung AA heraus. Er besaß einen 40-PS-Vierzylindermotor. Die Ventile waren in stehender Bauweise ausgeführt. Bis 1931 wurden 10970 Exemplare dieses 2,7-Tonners als Ford-Schnell-Lkw hergestellt.
1930 wurde in Köln-Niehl das „Ford-Werk Deutschland“, so die geplante Bezeichnung, für die Pkw- und die Lkw-Fertigung im Beisein von Henry Ford und dem Kölner Oberbürgermeister Dr. Konrad Adenauer ein-

40-PS-Ford AA 1,5 t (W)

geweiht. Von den modernen Anlagen des zunächst 234, später 2000 Mann starken Betriebs lief als erstes Fahrzeug 1931 ein Modell AA vom Fließband.
1932 löste das Modell BB den AA-Typ ab. Der 2,5/3-Tonner besaß wiederum die 3,2-Liter-Maschine, die nun 50, später 52 PS erzeugte. Auch mit hinterer Einzelbereifung war das Modell für 1,5/2 Tonnen erhältlich. In einer dreiachsigen Version wurde der BB-Typ ebenfalls zeitweilig ausgeliefert.
Typisch für die Ford-Schnell-Lastwagen war die an einer Querblattfeder

50-PS-Ford BB 2,5 t (1932)

aufgehängte Vorderachse. Ab 1938 wurde sie an zwei längsgerichteten Blattfedern aufgehängt. Bis 1938 waren mechanische, ab 1939 hydraulische Bremsen vorhanden. Einige Modelle besaßen auch Saugluft-Bremsverstärker.
Im Jahre 1939 erhielt der BB die Bezeichnung G987T und ab 1942 im Rahmen der Vereinheitlichung der Typenbezeichnungen deutscher Lastwagen die Bezeichnung B3000 bzw. ab 1943 FK3000. Gleichzeitig kam bei diesem Lkw dabei die erwähnte PS-Steigerung und ein Synchrongetriebe dazu. Von 1939 bis 1946 konnte diese Type auch mit einem Imbert-Generator geliefert werden. Das überaus erfolgreiche

90-PS-Ford V8/G917 3 t (W)

Vierzylindermodell wurde nach dem Krieg unter der Bezeichnung „Ruhr" bis 1955 gefertigt.
Nächstes Modell war der 1935 erschienene Typ V8/51, ein Dreitonner mit einem V-8-Motor, der 90 PS leistete und auch hier mit stehenden Ventilen ausgerüstet war. Das Modell besaß neben einer vorderen Querfeder mechanische Bremsen und eine hintere Steckachse. Die Höchstgeschwindigkeit lag bei 90 km/h.
Eine geländegängige Allradversion kam 1938 heraus und wurde während des Krieges unter der Bezeichnung V3000A hergestellt. Auch in einer Omnibusversion wurde dieser Typ gebaut.
Im Jahre 1939 erhielt das Modell unter der Bezeichnung V8/G917T

90-PS-Ford V8/51 3 t (W)

90-PS-Ford V8/51 3 t (W)

hydraulische Bremsen und eine hintere Trichterachse. Gleichzeitig wurden die Kurbelwelle verstärkt und die Kühlanlage verbessert.
Mit dem Baujahr 1941 erhielt das V-8-Modell die Bezeichnung V8/G997T. Die Leistung wurde leicht angehoben und betrug bei vergrößertem Hubraum 95 PS. Den neuen Typenbezeichnungen entsprechend benannte das Ford-Werk dieses Modell als Typ V3000S. Ein Fünfganggetriebe, zwei vordere Blattfedern und ein verlängerter Radstand waren

52-PS-Ford G388T-3 (V-3000)

Neuerungen dieser Baureihe. Schließlich wurde 1943 das Modell als FK3500 bezeichnet. Die Nutzlast betrug nun 3,5 Tonnen. Die an zivile Abnehmer gelieferten Modelle erhielten wie die Vierzylindermodelle ab 1940 Imbert-Gasgeneratoren.
Eine weitere Variante war die Halbkettenausführung für die Wehrmacht, die unter der Bezeichnung V3000S/SSM in über 13000 Exemplaren hergestellt wurde. Das auch als Typ „Maultier“ bezeichnete Fahrzeug besaß wie die Paralleltypen von → Opel und von → Magirus ein Einheitslaufwerk.
Über 132000 Ford-Lastwagen der beiden Bauserien wurden von 1931 bis 1945 gefertigt, wovon die Produktion von 63600 Stück während des Krieges vorwiegend an die Wehrmacht abgeliefert wurde. Hinzuweisen ist noch darauf, daß die gleichen Modelle in den USA und in England gefertigt wurden.
In den letzten Kriegstagen beschädigte eine deutsche Artillerieeinheit vom gegenüberliegenden Rheinufer aus Teile des von Luftangriffen völlig verschonten Ford-Werkes. Schon kurz nach Kriegsende konnte die

90-PS-Ford V 8 (1941)

Fertigung der beiden Grundtypen unter den Bezeichnungen „Ruhr" und „Rhein" wieder aufgenommen werden.

50-PS-Ford BB mit Imbert-Generator

Technische Daten der Ford-Fahrzeuge

Typ	T	SP	Z	PS	B×H	Hubr.	D	Gew.	Mot.
AA	2,7	1926	4	40	98,4×108	3283	2200		
BB	3	1932	4	50	98,4×108	3283	2800	2400	auch Dreiachser
BB Spezial	1,75	1932	4	50	98,4×108	3283	2800	2220	
BB Spezial	2,4	1932	4	40	98,4×108	3283	2200		
V 8/51	3	1935	V8	90	77,8×95,2	3613	3800	2700	
V 8/G 917 T	3	1939	V8	90	77,8×95,2	3613	3800	2700	
V 8/G 997 T	3	1941	V8	95	81×95,2	3924	3500	2700	
B 3000	3	1942	4	52	98,4×108	3283	2800		verg. Radstand
V 3000 S	3,3	1942	V8	95	81×95,2	3924	3500	2540	5-Gang
FK 3500/ G 398	3,5	1942	V8	95	81×95,2	3924	3500		
V 3000 A	2,9	1942	V8	95	81×95,2	3924	3500	3290	
V 3000 S/ SSM	2	1942	V8	95	81×95,2	3924	3500	3860	Maultier

Frankfurter Maschinenbau AG (FMA), vorm. Pokorny u. Wittekind, Abt. **Donar-Werke,** Frankfurt a. Main, Solmsstr. 2–26, 1918–1929

Die Frankfurter Druckluftmaschinenfabrik hatte gegen Ende des Ersten Weltkrieges neben der Schiffsdieselmotoren-, der Dampfmaschinen- und der Vakuumpumpenfertigung auch den Nutzfahrzeugbau aufgenommen. Während die Fahrzeuge in der Kriegszeit unter dem Markennamen *„Frankfurter"* an das Heer abgeliefert wurden, erhielten sie danach die Bezeichnung *„Donar"*. Der großvolumige 50-PS-Motor wurde weiterhin in den 4/5-Tonner eingebaut. Die Leistung wurde 1928 auf 60/63 PS gesteigert. Das Fahrzeug wurde als Kipper, Tank-, Langholz- und Schienenlastwagen sowie als 28sitziger Omnibus angeboten. Ein elektrischer Anlasser kam in die Nachkriegsfahrzeuge. Die Höchstgeschwindigkeit auf Hartgummireifen betrug 17,5 km/h, auf Luftreifen 36 km/h. Im Jahre 1925 bot das Werk den Pritschenwagen mit einer aufgebauten Kompressoranlage an, die durch das Getriebe bei Stillstand des Fahrzeugs angetrieben wurde.
Schließlich kam 1929 noch ein 2,1-Tonnen-Modell vom Typ „Expreß" mit einem 45-PS-Motor hinzu, das jedoch kaum noch gefertigt wurde. Als „Expreßomnibus" konnte er 20 Personen aufnehmen.

50-PS-FMA Donar 5 t

50-PS-FMA Donar 5 t

Nach der Einstellung des Nutzfahrzeugbaus im Jahre 1929 widmete sich das Unternehmen wieder ausschließlich der Preßlufttechnik. In den siebziger Jahren wurde die FMA von dem Maschinenbaukonzern Demag übernommen.

Technische Daten der FMA-Fahrzeuge

Typ	T	SP	Z	PS	B×H	Hubr.	D	Gew.	Mot.
Donar	5	1927	4	50	130×170	9000	1000	4000	seit 1918
Donar	5	1928	4	60/63	130×170	9000	1300	4000	
Expreß	2,1	1929	4	45					

Gebr. Frye, 1938

Dieses unbekannt gebliebene Unternehmen fertigte 1938 einen 7,5-Tonner als Prototyp. Eine Serienproduktion wurde nicht aufgenommen.

Goliath-Werke Borgward u. Co. GmbH, Bremen, Steinstr. 28 und Industriestraße, 1930

Die von Carl F. W. Borgward gegründeten Goliath-Werke, die vornehmlich Kleinlastwagen herstellten, konstruierten 1930 einen 1,5-Tonner vom Typ „Superior". Mit der Übernahme der Goliath-Werke durch die → Hansa-Lloyd-Werke wurde dieser für das Goliath-Programm zu groß geratene Typ in das Angebot der Hansa-Lloyd-Werke übernommen. Ursprünglich kam ein 37-PS-Selve-Motor zum Einbau.

Technische Daten der Goliath-Fahrzeuge

Typ	T	SP	Z	PS	B×H	Hubr.	D	Gew.	Mot.
Superior	1,5	1930	4	37	82,5×110	2350	2400		Selve

37-PS-Goliath Superior

Waggonfabrik J. P. Goossens, Lochner u. Co., Brand bei Aachen, 1913–1928

60-PS-Goossens

Die ehemalige Waggonfabrik Goossens in Eschweiler-Aue war 1917 von der Waggonfabrik → Talbot aufgekauft worden. Entgegen den Vertragsbedingungen richtete Paul GOOSSENS mit seinen Partnern HONIGMANN und LOCHNER mit dem Verkaufserlös eine neue Waggonfabrik in Brand bei Aachen ein. Noch während des Ersten Weltkrieges fertigte das Unternehmen Spezialfahrzeuge und einige Lkws für das kaiserliche Heer.

Da nach dem Krieg die Bestellungen der deutschen Bahnverwaltungen rückläufig waren, richtete das Unternehmen 1923 eine Serienfertigung von Lastwagen mit Einheitskonstruktionen ein. Ein Drei- und ein 4/5-Tonner wurden gebaut. Der Dreitonner mit Kardanantrieb blieb jedoch nur für ein Jahr in der Fertigung. Dieses Modell erschien auch mit einem Omnibusaufbau.

Beide Fahrzeugtypen erhielten einen BMW-Vierzylindermotor mit einer Leistung von 45/60 PS. Die Ventile dieses überaus modernen Motors wurden erstmalig von einer obenliegenden Nockenwelle gesteuert.

Aluminiumkolben, fünffach gelagerte Kurbelwelle sowie ein BMW-Doppelvergaser für alle gängigen Treibstoffsorten waren weitere, überaus moderne Details des Motors. Eine Trockenlamellenkupplung übertrug die Kraft auf das den Schaltvorgang vereinfachende, aber teure ZF-Soden-Getriebe. Die Fahrzeuge konnten mit kurzem oder mit langem Radstand geliefert werden.

Der 4/5-Tonner erhielt zunächst einen Ketten-, dann einen Kardanantrieb. Hydraulische Bremsen waren vorhanden. Die große Besonderheit dieses auch als „Konfektionsfahrzeug" bezeichneten Modells war die elektromagnetische Zusatzbremse sowie der elektrische Spindelantrieb- für den Dreiseitenkipper-Aufbau. Bei der elektrischen Zusatzbremse war ein kräftiger Elektromagnet vorhanden, dessen Kern durch Hebelübertragung mit dem Bremsgestänge verbunden war. Durch Druck auf einen Schaltknopf zog der Elektromagnet den Kern an und löste damit den Bremsvorgang aus. Zunächst lieferte die Batterie die Energie für den Elektromotor der Zusatzbremse sowie für den Spindelantrieb. Ab 1926 wurde an das Getriebe eine kleine Dynamomaschine angebaut, die beide Systeme mit Strom versorgte.

Auch von der Firma hergestellte Anhänger erhielten die elektromagnetische Zusatzbremse.

Neben der Güterwagen- und der Lkw-Fertigung lieferte das Unternehmen auch Karosserien für Lieferwagen und Omnibusse fremder Hersteller.

Im Jahre 1928 mußte der 1200 Mann starke Betrieb wegen Unrentabilität die Fertigung einstellen. Die Linke-Hofmann-Werke AG in Breslau (→ FAMO) übernahm das Unternehmen, um sich die Reichsbahnquote an Güterwagen zu sichern; das Werk wurde stillgelegt und schließlich abgerissen.

1935 entwarf das weiterbestehende Ingenieurbüro Dr.-Ing. E. h. Goossens ein interessantes Obus-Projekt. Das Fahrzeug vom Typ „Aachen" sollte mit Vierradsteuerung, Vierradantrieb und beiderseitigem Fahrerstand gebaut werden. Zwei Stromabnehmer auf dem Dach für je eine Fahrtrichtung sollten angebracht werden.

Technische Daten der Goossens-Fahrzeuge

Typ	T	SP	Z	PS	B×H	Hubr.	D	Gew.	Mot.
13 LC	3	1923	4	60	120×180	8144	1100	4500	BMW
15 DK	4,5	1926	4	60	120×180	8144	1100	4400	dto.
15 LK	5	1928	4	60	120×180	8144	1100	5800	dto., Kardan

H

Hannoversche Maschinenbau AG (Hanomag),
vorm. Georg Egestorff, Hannover-Linden, Hanomagstr. 8

1. 1905–1908, 1933–1936, 1945–1955 **Hannoversche Maschinenbau AG (Hanomag),** vorm. Georg Egestorff
2. 1955–1958 **Hannoversche Maschinenbau AG**
3. 1958–1968 **Rheinstahl-Hanomag AG**
4. 1968–1973 **Hanomag-Henschel-Fahrzeugwerke GmbH,** Kassel, Bremen, Hamburg-Harburg

Das bekannte Schwermaschinen- und Fahrzeugwerk geriet gegen Ende der zwanziger Jahre durch den rückläufigen Lokomotivbau in Schwierigkeiten. In dieser Krisenzeit beschloß die Geschäftsleitung, neben der Pkw-, der Schlepper- und der Zugmaschinenfertigung auch in den Lkw-Bau einzusteigen. Ein äußerst modern wirkender Frontlenker-Lkw mit einem liegend aufgehängten Unterflur-Motor in der Wagenmitte wurde von dem einstigen → Büssing-Mitarbeiter, Oberingenieur Paul Arendt, entworfen und in etwa 90 Exemplaren als Lkw und als Omnibus gefertigt. Der 55/60-PS-Dieselmotor wurde aus der Raupen-

60-PS-Hanomag

schlepper-und der Zugmaschinenfertigung verwendet. Das als Typ HL 3,0–3,5, später als Typ HDS bezeichnete Fahrzeug erhielt eine Kugelfernschaltung. Die Ladefähigkeit betrug 3 bis 3,5 Tonnen.
Obwohl die Modelle mit ihrem Dieselmotor, mit ihrer geringen Fahrzeuglänge, mit ihrer optimalen Raumausnutzung und ihrer Wendigkeit durch den kurzen Radstand günstige Chancen gehabt hätten, wurde die Produktion aufgrund der Sanierungsmaßnahmen bei Hanomag eingestellt. Darüber hinaus war Paul Arendt wieder zu den Büssing-Werken zurückgegangen. Hinzuweisen ist noch darauf, daß Hanomag in Hoffnung auf Militäraufträge den Lkw auch in eine allradgetriebene und allradgelenkte Version mit Einfachbereifung umkonstruierte. Auch ein Prototyp eines 6-t-Allradfahrzeuges mit einem liegenden 110-PS-Sechszylinder-Unterflurmotor blieb ein Einzelstück.
Erst nach dem Krieg widmete sich das Unternehmen erneut, ausgehend von der Zugmaschinenfertigung, für einige Jahrzehnte dem Nutzfahrzeugbereich.

60-PS-Hanomag

Technische Daten der Hanomag-Fahrzeuge

Typ	T	SP	Z	PS	B×H	Hubr.	D	Gew.	Mot.
HL 3–3,5	3,5	1933	4	60	105×150	5195	1500	4150	
		1934	6	110					Projekt
HDS	3,5	1936	4	65	105×150	5195	1550	4400	

Hansa-Lloyd-Werke AG, Bremen-Hastedt und Schloßpark Sebaldsbrück

1. 1906–1914 **Norddeutsche Automobil- und Motorenfabrik AG (NAMAG),** Bremen-Hastedt
2. 1914–1924 **Hansa-Lloyd-Werke AG,** Bremen-Hastedt und Schloßpark Sebaldsbrück
3. 1924–1931 **Hansa-Lloyd-Werke AG,** Bremen-Hastedt und Bremen-Sebaldsbrück
4. 1931–1936 **Hansa-Lloyd und Goliath-Werke, Borgward und Tecklenborg OHG,** Bremen 11, Föhrenstr. 81/83
5. 1936–1938 **Hansa-Lloyd-Goliath-Werke AG,** Bremen-Hemelingen u. Bremen-Sebaldsbrück
6. 1938–1949 **Carl F. W. Borgward Automobil- und Motoren-Werke GmbH,** Bremen-Osterholz-Scharmbeck, Bremer Str. 28–30
7. 1949–1956 **Carl F. W. Borgward, Automobil- u. Motorenwerke**
8. 1956–1961 **Carl F. W. Borgward Werke**
9. 1961 **Borgward-Werke AG**

Die Hansa-Lloyd-Werke zählten während des Ersten Weltkrieges zu den größten deutschen Heeres-Lkw-Lieferanten. Monatlich wurden 200 Lastwagen gefertigt. Die Nachkriegszeit gestaltete sich zunächst äußerst schwierig für das Bremer Unternehmen. Tausende unfertiger

18/60 PS Hansa-Lloyd
Der ideale Wagen der vornehmen Welt für Reise, Sport und Stadtverkehr
HANSA-LLOYD
Hansa-Lloyd „Express"
Der 1½ ton. Schnelllastwagen.
HANSA-LLOYD WERKE A.G. BREMEN
BOYE AHRENS

14-PS-Hansa-Lloyd Elektro 2 t

14-PS-Hansa-Lloyd Elektro 2 t

und von den Heeresbehörden nicht mehr abgenommene Fahrzeuge standen in dem HL-Werk herum. Erst nachdem sie mit Gummibereifung ausgestattet werden konnten, ließen sie sich verkaufen, behinderten dadurch aber die Neuproduktion in den Werken Varel, Bremen-Hemelingen und Bielefeld erheblich.
Auf Initiative des Geheimen Kommerzienrates Dr. Robert Allmers (1872–1959) und August Sporkhorst, die den Hansa-Teil in Varel

45-PS-Hansa-Lloyd Expreß

in die Aktiengesellschaft eingebracht hatten, richteten die HL-Werke die GDA ein, der sich die → NAG und die → Brennabor-Werke anschlossen. Den Hansa-Lloyd-Werken wurde der Bau von 2/2,5-Tonnen-Lastwagen und Omnibussen zugeteilt.
1921 wurde das Vareler Werk wieder selbständig und bezeichnete sich wieder als Hansa-Automobil- und Fahrzeugwerke AG, Varel in Oldenburg. Personenwagen bildeten das Fabrikationsprogramm des 1050-Mann-Betriebes. Das Stammwerk Hansa-Lloyd blieb unter der Leitung von Robert Allmers, der von 1926 bis 1945 zugleich Präsident des Reichsverbandes der Deutschen Automobilindustrie war.

70-PS-Hansa-Lloyd Europa IV 3 t

Das HL-Werk fertigte mit seinen 2000 Mitarbeitern Pkws, Lastwagen, Omnibusse und Traktoren. Aktieninhaber waren vorübergehend der Großherzog von Oldenburg, der Stahlindustrielle Otto WOLF, die Darm-

70-PS-Hansa-Lloyd Europa IV 3 t

städter und Nationalbank (Danat-Bank), der Börsenspekulant Jakob SCHAPIRO und das Bremer Bankhaus Schröder.
1929 schloß sich das Hansa-Werk nach erheblichen Verlusten den HL-Werken wieder an. Gleichzeitig schieden die HL-Werke aus der GDA-Interessengemeinschaft aus. Der Zusammenbruch der Danatbank und des Bankhauses Schröder durch den Nordwolle-Konkurs

20-PS-Hansa-Lloyd Elektro

führten nun auch zur vorübergehenden Stillegung der HL-Werke, die eine Jahresproduktion von 2130 Nutzfahrzeugen aufwiesen. Im gleichen Jahr kauften die Goliath-Werke Borgward u. Co. GmbH die in Liquidation befindlichen HL-Werke auf, nachdem sie schon 1929 Aktienanteile erworben hatten. Die neuen Besitzer führten das HL-Werk zunächst selbständig weiter. 1931 wurden beide Werke miteinander vereinigt. Im Werk I (Goliath-Werke) wurden die leichten Nutzfahrzeuge, im Werk II (HL-Werk) die mittelschweren Fahrzeuge gefertigt. Chefkonstrukteur wurde Ing. Herbert SCARISBRICK.
1938 verschwand der Name Hansa-Lloyd; das neue Unternehmen trug nun den Namen des neuen Besitzers, Carl F. W. BORGWARD (1890–1963): Carl F. W. Borgward Automobil- und Motoren-Werke.
Nach Erweiterungsbauten in Hemelingen wurde 1938 ein neues Automobilwerk nach modernsten Gesichtspunkten in Sebaldsbrück für

5000 Beschäftigte eingeweiht; das Grundstück hierzu war 1918 schon von den HL-Werken im Schloßpark Sebaldsbrück erworben worden. Weitere Werke wurden während der Kriegszeit in Delmenhorst für den Getriebe- und Achsenbau und in Ottersberg für den Lkw-Motorenbau eingerichtet. 1940 wurde die Pkw-Montage eingestellt. 1,5- und 3-t-Lastwagen und Halbkettenzugmaschinen sowie Rüstungsgüter wurden bis 1944 gefertigt. Ein schwerer britischer Bombenangriff legte in diesem Jahr das Werk still.

65-PS-Hansa-Lloyd SL

Nach Behebung der größten Kriegsschäden konnte das Werk 1945 wieder produzieren. Carl F. W. Borgward, während der NS-Zeit Wehrwirtschaftsführer, blieb bis 1948 in Internierungshaft.

Nach dem Ersten Weltkrieg arbeitete das Werk wie erwähnt zunächst unvollständig montierte 3,5- und 4,5-Tonner auf. Erste Neukonstruktionen kamen 1921 heraus. Kleinstes Modell war der L1,5. Standardtyp wurde für einige Jahre der „L 2 Cœur-Ass“. Dieses 2-Tonnen-Schnelllastwagenmodell mit Luftreifen war mit einem 40-PS-Motor ausgestattet. Auch in einer 16sitzigen Omnibus-Version wurde dieses Fahrzeug erfolgreich verkauft. Der Hinterachsantrieb erfolgte über Kardanwelle, Gummischeibenstücke (Hardy-Scheiben) und schließlich über eine Schnecke. Hinzu kamen ein 45-PS-Schnellaster für 3,5-Tonnen als Typ

75-PS-Hansa-Lloyd Merkur III

„HL-Expreß", der 45 km/h erreichen konnte. Mittelschaltung, Steuerung auf der linken Seite und Vierradbremsen waren in dem nach amerikanischem Vorbild gefertigten Fahrzeug vorhanden.
Der „Expreß" entwickelte sich als Lkw oder als Omnibus zu einem weitverbreiteten und beliebten Fahrzeugtyp. Der Omnibus war mit seinem Tiefrahmen-Fahrgestell für 19 Personen vorgesehen. Auch in

28-PS-Hansa-Lloyd Elektro EL 3

45-PS-Hansa-Lloyd 2 t Bremen

75-PS-Hansa-Lloyd

einer Hochsitzversion mit Gepäckraum wurde der von den Rembrandt-Werken in Delmenhorst karossierte Bus gebaut. Er konnte eine Höchstgeschwindigkeit von 50 km/h erreichen.
1926 wurde die Fließbandproduktion für den „Cœur-Ass" und für den neuen 3,5-Tonner „Treff-Ass" eingeführt. Gleichzeitig stellte das Werk den neuen 1,5-Tonner „SL 1,5 Treff-Ass" mit einem 60-PS-Motor vor.
Neben den Benzin-Fahrzeugen pflegte das Unternehmen den schon vor dem Krieg aufgenommenen Elektro-Fahrzeugbau. Darunter befanden sich der Zweitonner EH2 und Fünftonner CL5. Der kleine Typ

42-PS-Hansa-Lloyd Borgward

wurde vor allem an die Reichspost, an Brauereien, Molkereien und an Kommunalbetriebe geliefert. Der 7/14-PS-Hauptschlußmotor war an der Kardanwelle eingebaut und trieb die Hinterachsschnecke an. Eine elastische Kupplung mit Hardy-Scheiben, Innenbacken- und Getriebebremsen waren vorhanden. Der Fünftonner besaß einen quer eingebauten 15/30-PS-Motor, der über Rollenketten die Hinterräder antrieb. Die Lenkung beider Fahrzeuge war im Achsschenkelsystem ausgebildet. Der Aktionsradius lag bei 60 km. Hinzu kam ein 2,5-t-Vorspannwagen, der nur aus einem Vorderteil mit Drehschemellenkung und Vorderradantrieb bestand.
Eine weitere Elektro- Fahrzeug-Entwicklung war der 2-Tonnen-HL-Einheits-Lkw mit Vorderradantrieb und niedriger Ladepritsche. Auch als

64-PS-Hansa-Lloyd DG 3 t

105-PS-Hansa-Lloyd Merkur IV Lastzug

Oberleitungs-Lkw „für den Güterverkehr" sollte dieser Typ mit einem zentral gelagerten Motor gebaut werden. Das Fahrzeug sollte bis zu 5 Meter von der Fahrdrahtmitte abweichen können.
Nachdem 1928 1,5-, 2-, 3- und 5-Tonner zur Verfügung standen, erneuerte Hansa-Lloyd das Elektro-Programm noch einmal im Jahre 1935. Der Typ EL2 mit einem 20-PS-, der Typ EL3 mit einem 28-PS- und der Typ EL5 mit einem 40-PS-Elektromotor der Dynamofabrik Lloyd wurden nun gebaut. Die Fahrerhäuser entsprachen bald denen der Benzin-Lastwagen. Die Geschwindigkeit lag bei 25 bis 28 km/h, der Radius bei 60 bis 70 km.

Borgward-Elektro 3 t

Im Bereich der Nutzfahrzeuge mit Vergasermotoren stellte das Unternehmen 1928 neue Typen vor, nachdem der 2,5-Tonner „HL-Expreß" eine Gummiklotz-Federlagerung erhalten hatte. Ein Dreiachs-Niederrahmen-Fahrzeug vom Typ „Europa IV" erhielt einen 70-PS-Maybach-Motor. Die beiden Hinterachsen wurden über Doppelgelenkwellen und obenliegende Schnecken angetrieben. Jedes Hinterrad wurde durch eine Längsschwinge zur Anpassung an die Fahrbahn geführt. Eine Waagebalken-Federung war zwischen den beiden Achsen angebracht, ein Schnellganggetriebe vorhanden. Auch eine Version, in der die dritte Achse als Schleppachse ausgeführt wurde, konnte auf der Berliner Automobilausstellung besichtigt werden.
Mit einem Gegenkolben-Dieselmotor von Junkers erschien 1931 der

Dreitonner „Merkur"; mit einem 100-PS-Sechszylinder-Vergasermotor von Maybach wurde der 3,5-Tonner „Roland" ausgestattet. Aus dem → Goliath-Programm übernahm das Werk den 1,5-Tonner „Superior" und produzierte ihn unter der Bezeichnung „Columbus" als Nachfolger des eigenen „LS 1,5 Treff-Ass".

Ab 1932 kamen MWM-Dieselmotoren wahlweise zum Einbau, so daß der Kunde den gleichen Typ mit einem HL-Vergaser- oder mit einem MWM-Dieselmotor erwerben konnte. Vereinzelt wurden auch Humboldt-Deutz-Dieselmotoren eingebaut.

Mitte der dreißiger Jahre standen in den Größen 1,5 bis 4,5 Tonnen die Modelle „Columbus" für 1,5, „Bremen" für 2,5, „Europa" für drei, „Roland" für vier und „Merkur" für 4,5 Tonnen zur Verfügung. In den Jahren 1934/35 bemühte sich die Firma Humboldt-Deutzmotoren AG um die Übernahme der HL-Werke, um ihre Motoren auch in eine eigene Nutzfahrzeugmarke einbauen zu können. Das Vorhaben scheiterte jedoch an den zu hohen Forderungen von C. F. W. Borgward. (Der Humboldt-Deutzmotoren AG glückte daraufhin der Erwerb der → Magirus-Werke in Ulm.)

Eine eigene Dieselmotoren-Produktion wurde ab 1936 eingerichtet, so daß nun in die mittleren Fahrzeuge neben HL-Vergasermotoren auch eigene Sechszylinder-Vorkammer-Dieselmotoren eingebaut werden konnten. Die 100 PS starken 3/4- und 4/5-Tonner erhielten weiterhin Deutz-Dieselmotoren.

Mit der Umgliederung der HL-Werke im Jahre 1938 rückte die Bezeichnung „Borgward" mit der Tonnen- bzw. Kilogrammangabe immer mehr in den Vordergrund.

Im gleichen Jahr beteiligte sich das Borgward-Werk an der Produktion des „Einheitsdiesels" mit dem 80-PS-MAN-Motor. Über 2400 Stück wurden bis 1940 gefertigt. Auch der 3/4-Tonner wurde mit dem 80-PS-Einheitsmotor versehen, den das Werk in Lizenz baute.

Das Schell-Programm sah ab 1939/40 neben dem Borgward 1000 nur noch den Bau des 1,5- und des Dreitonners mit 45- und 65-PS-Motoren vor. Der 1,5-Tonner L2000S wurde mit dem 40/45-PS-Sechszylindermotor von 1939 bis 1942 gefertigt. Der 1938 erschienene Dreitonner wurde mit dem 63-PS-Vergasermotor bis 1941 und mit dem 64-PS-Dieselmotor bis 1942 gebaut. Die Fahrzeuge waren mit Fünfganggetrieben ausgestattet. Entgegen dem Typenbegrenzungsprogramm wurde noch ein Fünftonner aus bereitliegenden Teilen mit einem 105-PS-Deutz-Motor gefertigt.

1942 mußte das Angebot auf den D 3000A, einen Allradtyp mit einem 78-PS-Vergasermotor, auf den gleich starken D 3000S mit Hinterradan-

Borgward 3 t (1940)

63/73-PS-Borgward mit Generator

Borgward B3000S (ab 1942)

trieb und auf den B 3000SD mit einem eigenen, neuentwickelten 75-PS-Wirbelkammer-Dieselmotor reduziert werden, die vornehmlich an die Wehrmacht abgeliefert wurden. Über 30000 Dreitonner wurden von 1930 bis 1944 hergestellt.
Zum zwangsweise angeordneten Nachbau des → Opel-Dreitonners kam es durch die Zerstörung des Werkes nicht mehr.
Neben den Nutzfahrzeugen fertigte das Borgward-Werk die 3-Tonnen-Artillerie-Zugmaschine der Krauss-Maffei AG in Lizenz.

Technische Daten der Hansa-Lloyd-Fahrzeuge

Typ	T	SP	Z	PS	B×H	Hubr.	D	Gew.	Mot.
L 3,5	3,5	1918	4	50	110×145	5509	1200		
L 4,5	4/5	1918	4	60	130×155	8225	950		
L 1,5	1,5	1921	4	30	90×140	3560	1200		
L 2									
Cœur-Ass	2	1921	4	40	90×140	3560	1600		
HL Expreß	2	1923	4	40	90×140	3560	1600		
HL Expreß	2	1924	4	45	95×140	3967	1600	2500	
Treff-Ass	3,5	1926	4	60	105×130	4500	2200		
Europa IV	3	1928	6	70	94×118	4913	1800	2800	Maybach
Amerika	1,5	1929	4	50	94×118	3300	2200	1450	dto.
Merkur III	2	1929	4	55	105×130	4500	1600	2360	auch Junkers-Diesel
SL Treff-Ass	1,5	1930	6	60	82×121	3870	3000		
SL 2	2	1930	6	65	82×121	3870	3050		
Bremen III	2	1930	4	50	94×118	3300	2200		Maybach
Bremen III	3	1930	6	70	94×118	4910	2600		dto.
Roland	3,5	1930	6	100	95×135	5740	1200		dto.
Columbus	2	1932	6	31	65× 82	1632	3000	1300	Goliath-Typ
Bremen III B	3	1932	4	45	85×132	2996	2400	3400	D
Bremen III B	3	1932	4	50	94×118	3275	2200	2400	Maybach
Europa IV D	3	1933	6	75	85×132	4494	2300	3060	D
Europa IV D	3	1933	4	52	105×150	5192	1800		D, MWM
Europa III D	3	1935	6	70	85×132	4494	2200	3110	D
Europa III B	3	1935	6	63	94×118	4913	2000	2885	Maybach
Merkur II	3,5	1935	6	70	94×118	4913	2200		dto.
Merkur II	3,5	1935	4	60	105×150	5192	2000		D, MWM
Europa IV B	3	1935	6	65	94×118	4913	2100		Maybach
Europa IV D	3	1935	6	75	85×132	4494	2400		D
Bremen IV	2	1936	6	55	82×110	3483	1800	2700	D
Bremen IV	2	1936	6	70	82×110	3483	3000	2490	

Technische Daten der Hansa-Lloyd-Fahrzeuge

Typ	T	SP	Z	PS	B×H	Hubr.	D	Gew.	Mot.
Merkur III	4	1936	6	75	100×130	6126	2000	3540	D, Deutz
Merkur III	4	1936	6	75	100×130	6126	2400	3830	D
Einheits-diesel	2,5	1936	6	85	105×120	6234	2400	5000	D, MAN
Roland	4	1936	6	82	105×180	7800	2000		D, MWM
Roland	4	1936	6	100	105×125	6450		3500	
Bremen IV	2,5	1936	6	70	82×110	3485	3000	2270	
Bremen IV	2,5	1936	6	55	83×110	3584		2400	
Merkur IV	4,5	1936	6	98	110×130	7408	1800	4180	D, Deutz
Merkur IV	4,5	1936	6	105	100×160	7536	2000	4180	dto.
L 2000 S	1,5	1937	6	40	70× 85	1962	3500	2200	
L 2000 S	1,5	1937	6	55	72× 92	2247	3800		
L 3500 R	3	1938	6	73	82×110	3485	2200	2470	D
Bremen IV	2	1938	6	63	82×110	3485	2000		
Bremen IV	2,5	1938	6	75	82×110	3485	3000		
Bremen IV D	2,5	1938	6	55	78×125	3584	2600	2700	D
Europa	3	1938	6	75	85×110	3743	3500		
	3/4	1938	6	85	105×120	6234	2400		D, MAN
	3/4	1938	6	100	100×160	7536	1900	4100	D, Deutz
Merkur	4/5	1938	6	100	100×160	7536	1900	4180	dto.
L 2300	1,5	1938	6	45	72× 92	2247	3500		
L 2300	1,5	1938	6	40	70× 85	1962	3400		
3t DG	3	1938	6	64	85×130	4426	2350		D, Allrad
3t B	3	1938	6	63/73	82×110	3485	3000	2600	
B 3000 S	3	1942	6	78	85×110	3745	3000	3065	auch Allrad
B 3000 SD	3	1942	6	75	90×130	4962	2000	3500	D

Nürnberger Hercules-Werke A.-G., Nürnberg

Gegründet 1886 **N. H. W.** Gegründet 1886

fabrizieren seit ca. 20 Jahren

Lastkraftfahrzeuge

für Handel, Industrie und Gewerbe, hervorragend in Konstruktion, sparsam im Betrieb

Zur Zeit lieferbar:

Type B $1\frac{1}{2}$ t } Cardanantrieb
Type G $2-2\frac{1}{2}$ t } Cardanantrieb
Type E 3-4 t Kettenantrieb

Preise **mäßig!** Conditionen **günstig!**

Hille-Werbung

Unten:
Werbung ME

Literaturverzeichnis

Bücher

ALLMERS, Robert u. Carl KAUFMANN, Das Automobilwesen der Gegenwart, Berlin 1928

AUGSBURGER, Hermann, Nutz- und Last-Kraftwagen, Berlin ²1921

Autotypenbücher, Typentafeln der deutschen Kraftfahrzeug-Industrie, Hrsg. v. Reichsverband der deutschen Automobilindustrie, Berlin 1925–1939

BARSCH, Otto, Moderne Automobil-Straßenreinigungsmaschinen, Berlin 1925

BARTHEL, Manfred u. Gerold LINGNAU, 100 Jahre Daimler-Benz, Die Technik, Mainz 1986

BETZ, Louis, Spezial-Lastautomobile, 3 Bde., Berlin 1927, 1929, 1931

Daimler-Benz AG (Hrsg.). 75 Jahre Nutzfahrzeugentwicklung 1896–1971, Jubiläumsbericht der Daimler-Benz AG Stuttgart-Untertürkheim, Stuttgart 1971

DÜRKOPP Werke, 60 Jahre Dürkopp Werke, Bielefeld 1927

DÜWELL, Klaus, Automobilbau in Bremen, Tradition 11, 1966

FALKENBERG, Hans, Stoewer-Automobile aus Pommern, Kiel 1986

FISCHER, Joachim, Handbuch vom Lastauto, Berlin 1927

FRIEDMANN, Paul, Der Lastkraftwagen, Pößneck 1926

GEORGANO, George Nicolas u. Naul George MARSHALL, The complete Encyclopaedia of Commercial Vehicles, Oseceola, Wisconsin 1979

GOLDBECK, Gustav, Geschichte des Werkes Magirus, Ulm, Tradition 10, 1965

GRÄNZ, Paul u. Peter KIRCHBERG, Ahnen unserer Autos, Berlin-Ost 1975

HALLER, Rudolf, Geschäftswagen und ihre wirtschaftliche Verwendung im Kundendienst, Berlin 1929

HALLER, Rudolf, Kraftomnibusse und Kraftomnibusverkehr, 1930

HESSE, Karlheinz, Henschel Lkws, Stuttgart 1988

HÜBNER, Erich, Das Krisenproblem der deutschen Kraftwagenindustrie, Berlin 1927

Jahrbuch des Reichsverbandes der deutschen Automobilindustrie, Berlin, 1925, 1926, 1931

KIRCHBERG, Peter, Horch, Audi, DKW, IFA, 80 Jahre Geschichte der Autos aus Zwickau, Berlin-Ost 1985

KRUK, Max u. Gerold LINGNAU, 100 Jahre Daimler-Benz, Das Unternehmen, Mainz 1986

Kfz-Typenbuch 1949, Hrsg. Deutsche Wirtschaftskommission für die sowjetische Besatzungszone, Hauptverwaltung Verkehr, Berlin 1949
KÜSTER, Julius, Personen- und Lastendampfwagen, Berlin 1923
LEDERMANN, Fred, Fehlrationalisierung in der deutschen Automobilindustrie, Stuttgart 1933
MAN (Hrsg.), MAN 40 Jahre Lastwagenbau, Nürnberg 1955
MATSCHOSS, Konrad, Vom Schaffen der Ingenieure in Sachsen, o.J.
NEUBAUER, Hans-Otto, Autos aus Berlin, Protos und NAG, Stuttgart 1983
OSWALD, Werner, Deutsche Autos 1920–1945, Stuttgart 1977
OSWALD, Werner, Adler Automobile 1900–1945, Stuttgart 1981
OSWALD, Werner, Kraftfahrzeuge und Panzer der Reichswehr, Wehrmacht und Bundeswehr, Stuttgart [12]1982
RDA, Festschrift zum 25jährigen Bestehen des Reichsverbandes der Automobilindustrie 1901–1926, Berlin 1926
RICHTER, Fred, Kraftfahrzeuge, Gestern und heute, Leipzig/Jena 1955
SCHNEIDER, Hans, Die Entwicklung der deutschen Automobilindustrie nach dem Kriege, Leipzig 1929
SEHERR-THOSS, Hans Christoph v., Die deutsche Automobilindustrie, Stuttgart 1974
STISSER, Reinhold, Standorte und Planung der deutschen Kraftfahrzeugindustrie, Bremen-Horn 1950
VALENTIN, Ernst, Heinrich Büssing und sein Werk, Braunschweig 1927
WESTERKAMP, Lulf, Das Elektrofahrzeug, Berlin 1928
WINDECKER, Carl Otto, Handbuch der Kraftfahrzeugtypen, Hannover 1947/48

Zeitschriften

Allgemeine Automobil-Zeitung, Berlin 1918–1943
Automobilrundschau, Berlin 1929–1944
Deutsche Motorschau, Berlin 1936–1940
Deutsche Motor-Zeitschrift, Dresden 1924–1941
Das Elektrofahrzeug, Berlin 1937–1941
Historischer Kraftverkehr (früher Elefant), Schwieberdingen 1982–1987, Köln 1988f
Kruppsche Monatshefte, Essen 1921–1939
Das Lastauto, Pößneck 1925–1943
Magirus-Deutz-Zeitung, Ulm 1976
Motor-Jahr, Berlin-Ost 1965/66ff
Zeitschrift des mitteleuropäischen Motorwagenvereins, Berlin 1918–1920

Notizen